月谷文集

月谷文集
-노을 속에 빛나는 보석

초판인쇄 2021년 6월 9일
초판발행 2021년 6월 15일

글·작품_ 전영해
발행인_ 이현자
발행처_ 도서출판 현자

등 록_ 제 2-1884호 (1994.12. 26)
주 소_ 서울시 중구 수표로 50-1(을지로3가, 4층)
전 화_ (02) 2278-4239
팩 스_ (02) 2278-4286
E-mail_ 001hyunja@hanmail.net

값 15,000원

ISBN 978-89-94820-63-7 03810

月谷文集

노을 속에 빛나는 보석

月谷 田永海 지음

빛나는 보석들을 《월곡 문집》에 담으며

'인생칠십고래희人生七十古來稀'라는 구절은 당나라 시인, 두보의 〈곡강曲江〉에 실려 있다.

'고희'라는 어원은 우리 나이로 칠십을 맞는 생일에 일반적으로 쓰여 지고 있다. 옛날에는 70세가 되도록 사는 일이 드문 일이라서 오래 살았다는 의미로 쓰였다지만 지금처럼 100세 시대를 사는 우리에게는 잘 어울리지 않는 말일 수도 있다.

그러나 어찌 되었건 칠순을 맞는 사람 혹은 그 사실을 축복한다는 어구로 쓰여 지고 있음에 나 자신도 생각을 많이 해 보게 된다. 이런 글귀가 지금까지 남의 일인 줄만 알았었는데 벌써 내게도 칠순이란 세월의 주름살이 이랑처럼 골 지어 있으니 어찌 인생무상이라 아니할 수 있겠는가 싶다.

아무튼 고희를 맞는 내 인생에 있어서, 아름다운 추억이든 슬픈 기억이든 뭔가를 점찍어 놓고 싶은 심정에서 부족하지만 정리해 보려고 한다.

봄의 전령이 관악산 자락에 봇짐을 풀고 있을 무렵이면 눈부신 아침 햇살이 베란다 창문을 두드린다. 창문을 활짝 열어젖히고 관악산을 바라보면 보일 듯 말 듯 운무에 가려진 관악산 연주대의 잔설만이 밀려나는 겨울을 아쉬워하며 반짝이고 있다.

매일 우리 집 창문 너머에서 펼쳐지는 관악산의 봄·여름·가을·겨울의 변화가 마치 우리네 인생의 삶과도 비슷하다고 생각하며 하루를 시작한다.

나름대로 바쁘게 살아온 지난날을 돌이켜보니 '고희'라는 단어의 무게감 앞에 부끄러움과 회한이 주마등처럼 스쳐 지나간다. 어떻게 달려왔는지조차 희미한 나의 인생 여정은 그야말로 격정의 연속이 아니었나 싶다.

아무 것도 해 놓은 게 없다는 자책과 이만큼이라도 잘 살아왔다는 것에 위안을 삼기도 하면서 잠시 황혼 녘의 의미 있는 밑그림이나 한번 그려보고 싶은 마음에 장르를 불문한 다양한 글쓰기 형태의 작품들을 모아서 엮어 보았다.

그것은 아무리 늦더라도 늦은 때는 없다는 인생의 교훈처럼 만학晩學의 기회일지라도 소중하게 얻은 대학 캠퍼스, 강의실에서 공부에 몰두하던 내면적 열정을 활용하여 써 보려고 하였다.

어떤 이는 '회고록'이라고도 하고 어떤 이는 '자서전'이라고도 하지만 나는 그냥 그동안 살아오면서 다양한 경험들을 진솔하게 고백하는 수필 형태의 글쓰기와 덜 성숙한 그대로의 모습으로 엮어진 시 작품들도 내 인생의 궤적軌跡이기에 소중하게 수록하고자 하였다.

거기에 더 나아가 때로는 기행문과 일기장까지도 추려 보았다. 삭히고 묵은 추억의 글들을 정리하여 한 권의 책으로 엮어 문예창작학과를 공부한 만학도의 긍지와 작은 사명감이라는 생각으로 매듭을 짓고 엮어 보려는 의지도 작용하였다.

옛 선비들이 자신의 소회所懷를 담아 쓰인 글들을 한 권으로 묶어 문집文集이라는 타이틀로 간행하신 여러 종류의 글 읽기도 한몫 거들어 주기도 하였다.

책 한 권을 발간한다는 것이 그리 쉬운 일이 아니라는 것을 모를 리 없지만 결정하기까지의 고뇌는 많은 시간을 필요로 했다. 또한 감동을 주는 글을 써야만 한다는 부담감이 있지만 아마추어리즘의 문학도라는 것을 감안하여 이해와 아량으로 봐주실 것을 부탁드린다.

항상 옆에서 도와준 사랑하는 아내와 명지대학 문예창작과 이성림 교수님께 진심으로 감사와 고마움을 드리면서, 응원과 찬사를 아끼지 않았던 아들, 딸 내외와 나의 사랑하는 손주, 예봄·민준·예람에게 할아버지란 이름의 소중함을 얹어 그 의미를 더해 본다.

이 책의 발간으로 할아버지가 얼마나 애쓰면서 인생을 진지하게 살아왔는지, 손주들이 다소의 자부심과 정신 함양에 있어 귀감이 되었으면 하는 진솔한 바람을 갖는다. 그리고 설한의 겨울, 등단 행사장에 달려와 축하해 주던 주변의 지인들에게도 무한한 감사를 드리는 바이다.

지금은 코로나19가 창궐하여 어려운 시기이다. 우리 사회 일원 모두가 어려움을 극복하고 건강함과 소소한 행복을 누리기를 기원하면서 발간의 인사를 전한다.

2021년 5월 22일 고희 기념

月谷 전영해

목차

2부_

목차

3부_

4부_

목차

5부_

고희를 기념하며_

『月谷文集-노을 속에 빛나는 보석』 출간에 즈음하여

- 무광으로 빛나는 진광불휘(眞光不輝)의 월곡 선생 -

이성림 (문학박사·명지대학 명예교수)

월곡 전영해 선생은 겉으로 번쩍거리지 않으신 분, 진광불휘〔眞光不輝〕이십니다. 진짜 참된 빛은 거죽으로 빛나지 않습니다. 선생의 호처럼 내면이 은은한 달계곡〔月谷〕처럼 깊은 밤에도 고을고을과 계곡을 비춰 밤길 가는 길손들에게 길잡이 역할을 하시는 분이십니다.

멈춘 듯 가는 것이 세월이라고, 어언 월곡 선생께서 칠순을 맞이하게 되셨습니다. 지난 시간을 되돌아보니, 나름대로 애쓰며 살아온 그간의 삶에 대하여 스스로 자부의 마음을 갖기도 하며, 다가올 미래의 시간을 다시 생각해 보는 계기가 될 듯 싶은 마음이 글을 읽는 행간에 스며있음을 느끼게 합니다.

선생은 칠갑산 자락에 있는 청양에서 6남매 중 둘째로 태어나셨으며, 당시 모든 사람들의 형편이 어려웠듯이, 선생 역시 지난至難한 생활고를 탈피하고자 서울로 상경하여, 오늘날 남부럽지 않은 삶을 일구어 내신 분이십니다.

무엇보다도 부인이신 박숙희 여사님을 만나 두 분께서는 마음을 하나로 모아 혁혁한 일가를 이루시는데 전심전력을 다 하시어, 뜻하신 바를 성공적으로 일구어 내신 내외분이십니다. 그러한 내외분을 본받아 뜻에 어긋나지 않게 자손들도 남부럽지 않게 공부시켜 가족과 나라에 도움이 되는 일꾼으로 잘 성장시켜 오늘날 각자의 몫을 잘 수행하고 있으며, 손자녀들 역시 건강하고 슬기롭게 잘 자라고 있어 많은 기대감을 갖게 하고 있습니다.

손주와 외손녀들에 대한 내외분의 사랑은 지극하신 정성으로 보살피고 계심을 알 수 있습니다. 특별히 전 선생님은 자손들의 출생이나 기쁜 돌맞이 등 행사가 있을 때마다 온 마음을 다 하여 글로 쓰신 덕담을 갈고 닦으신 붓글씨로 작품을 만들어 최고의 선물로 내리고 있음을 문집의 목차에서 볼 수 있었습니다. 참으로 모든 분 보시기 좋은 다복한 가정의 중심이시며 우뚝하신 대주님으로, 번쩍거리지 않으시나 내면이 정말 금빛으로 채워진 분이십니다.

따님이신 현진 씨는 김창희 씨와의 사이에 예봄이와 예람이를 두었으며 숙대 피아노과 학사·석사를 마치고 음악치료사로 활동하고 있습니다.

아드님이신 성식 씨는 현모양처의 충실한 역할을 잘 하고 있는 이지나 씨를 배필로 맞이하여 민준 군을 두고 있으며, 성대를 나와 세계를 누비는 무역업에 종사하고 있습니다. 지금도 불철주야 해외에서 열심히 주어진 몫을 수행하는 충실한 회사원으로 한 가정을 잘 운영해 나가고 있어 자랑스럽게 여기고 있으십니다. 둘 다 예쁜 가정을 이루어 오늘날 남부럽지 않은 자식들로서 효를 다 하고 있으니 참으로 보기 좋은 흐뭇한 모습을 보여주어 감동을 더 해 주고 있습니다.

선생은 늦깎이 대학생으로서 누구보다도 열심히, 열정적으로 학창생활을 모범적으로 마치셨습니다. 이미 선생께서는 명지대학교 사회교육원과 무역대학원을 졸업하셨는데도, 다시 글을 쓰는 문예창작과에 입학하여 열심히 글공부를 해오신 만학도, 선비님으로 함께 공부하는 동학들에게도 본을 보이고 있습니다.

저는 강의실에서는 출석을 부르는 입장이었지만, 강의실 밖에서는 우리 모두 사랑하고 존경하는 전영해 선생을 인생의 스승이라고 생각하며 그분의 성실한 삶의 수범垂範을 강의실 안팎에서 본받고자 하였습니다.

선생은 참으로 효심 깊으신 아드님으로 글에서도 아버님과 어머님에 관한 이야기를 실감 나고 감동적으로, 때로는 가슴 저미게 고향 이야기와 더불어 인간의 심사를 작품으로 잘 그려 내고 있습니다. 글감과 소재 또한 살아오신 인생의 연륜만큼이나 다양하고 깊은 세계관을 표출시키고 있습니다. 그만큼 부지런하신 성품으로 하시는 생업에서나, 작품 집필해 내시는 분량이나 장르면에서도 탁월한 역량을 보여주고 있습니다.

또한 여러 분야의 우리 문학 중에서도, 특히 고전에 대한 향수와 한문에 대한 소양과 지식을 갖추고 계셔서 다른 문창인들의 글과는 변별성 있는 성찰로 깊이 있는 글을 많이 써내고 있는 분이십니다. 노력하고 애쓰신 결과물로 시인과 수필가로 등단하여 문사文士의 길을 걷고 있는 현역 문인이십니다.

작품을 통하여 누구보다도 다양한 삶의 현장에서 온갖 어려움을 극복하고 한 집안을 일구어내신 월곡 선생의 삶은 이 나라 현대사와도 맥을 같이 하고 있습니다. 충분히 읽어 볼 만한 의의와 가치를 느끼게 하는 글들입니다.

모든 분들 보시기에도 아름다운 남매를 낳아 출가시켜 분가한 후, 지금은 내외분께서 여유롭게 지내고 계십니다. 살아오시는 동안 많은 어려움도 있었지만 뼛속 깊게 사랑하시는 아내, 사모님과 모든 어려움을 극복하고, 오늘과 같은 건강하신 모습으로 하고 싶은 글공부 마음껏 하시며 즐겁게 소일하고 계십니다.

또한 선생은 사단법인 〈청소년 육성회〉와 〈한국청소년 관악구지도협의회〉 간부, 사단법인 〈여성문제연구회〉 자문위원으로서 장학사업에도 어려운 환경의 학생들을 위해 많은 기여를 해오셨습니다. 이러한 봉사와 희생정신은 말처럼 쉽지 않다는 것을 저는 잘 알고 있습니다. 공부를 향한 향학열은 '손해보험금융서비스대리점' 자격증과 '공인중개사' 자격증도 취득하여 생업에도 자격증을 잘 활용하여 전문가로서 종사하고 계십니다.

이처럼 한순간도 허투루 하시지 않고, 열심히 살아오신 월곡 전영해 선생님의 삶을 돌아보면서 고락을 함께 해오신 사모님의 노고를 기억합니다. 작은 시냇물에서 발원發源한 물줄기가 70여 년을 사시는 동안 거대한 심해의 바다를 이루어 내신 오늘의 모습에서 울울鬱鬱한 삼림을 느끼게 합니다.

우리 후학들, 자손들 모두는 선생님의 삶을 귀감으로 삼아 나아갈 것입니다. 앞으로도 연년세세 더욱 건강하셔서 못다 한 더 큰 꿈 이루시기를 축원드리면서 축하 말씀을 올립니다.

사람의 인연이란 참으로 신비하고 신비합니다. 이렇게 축복되이 모든 분들이 부러워하는 문집출간에 진영해 선생님과의 인연을 가슴 깊이 받아들이며, 아름다운 인연 맺어 아름다운 결실 거둔다는 선연선과善緣善菓의 의미를 생각해 봅니다.

진정, 이 시대에 겉으로는 번쩍거리지 않지만, 광이 안 나는 듯 하지만 실은 누구보다도 내면이 빛나시는 월곡 전영해 선생의 칠순을 축하드리면서 멀리 해외에서 국위를 선양하며 열심히 일하고 있는 아드님 가족의 안녕하심을 생각하는 마음도 함께 담습니다.

세월이 흘러 생각해보면 오늘의 이 『月谷文集』 발간의 역사성과 그 의의가 무엇보다도 크리라는 것을 짐작해 봅니다. 옛적 선비들께서는 다양한 형태의 글들을 모아 문집을 간행하여 살아오신 전모를 밝혀 놓으시는데 아주 유용한 형태로 활용하셨습니다.

문집 출간은 쉽게 할 수 있는 일이 아닙니다. 그만큼 기록으로 남겨진 성실한 삶의 궤적軌跡을 문필가답게 잘 써오신 선생의 자세를 높게 평가합니다.

『월곡문집-노을 속에 빛나는 보석』은 한 개인의 일생사이기도 하지만 동시대를 살아오신 많은 분들의 공감을 받으시리라고 생각합니다. 다시 한번 월곡 선생의 칠순기념 문집 발간을 진심으로 축하드립니다. 고맙습니다.

1부

행복 충전소

참과 거짓

부모

좌충우돌 시작이 반

중복 날의 기억

당신

도전은 아름답다

코로나19

기도

잘 될 거야

태산준령을 넘어서

중환자실

엄니의 18번

행복 충전소

겨울 아침 무지개가 찾아드는 자리

내 삶에 가장 빛나는 소중한 보석들이
질풍노도처럼 살아온 결혼 30주년 기념으로
가족이란 이름표를 달고 넘치는 샘물처럼
은은한 향기를 내뿜는 활력의 원천되어 여기에 있네.
불안과 불확실성의 모순 속에서 때론 아픔으로
비틀대는 심신을 부축하며 꿈과 희망의 궤도를
벗어나지 않게 바로 잡아주는 사랑의 힘이 싹트는
우리의 영원한 친구들이 은은한 미소로 서로를 위로하네.

보면 볼수록 들으면 들을수록 오케스트라 연주 같은 화음
부족해도 탓하지 않고 비움을 알고 배려를 알고
하나 되는 원리를 아는 진정한 이 시대의 휴머니스트가
되기를 모색해 오면서 이제 둥지를 떠나기 위해
날개 짓 하는 순간의 포착으로 빛을 발하네.
비밀 장식 속에 갇혀 있던 묵은 추억들이
내 인생 칠순 일을 맞아 세상나들이에 나섰네.
만족함과 즐거움이 넘쳐나는 행복의 공간에서 -

* 2009년, 결혼 30주년을 맞이하여 둥지를 떠나기 전에

* 전쟁의 아픔과 선열들의 숭고한 넋을 기리는 교육을 위하여

* 어느 휴게소에서

* 이런 때도 있었지

* 비발디 파크 스키장에서

참과 거짓

우아한 몸매에 명품으로 치장한 화려함에
말솜씨까지도 시원스럽다
슬그머니 나를 끌어안으며 속삭인다
달고나 커피 같이 부드럽다고

가시가 없어 꺾이기 쉽다면서
은밀하게 다가오며 눈을 맞춘다
때 늦은 후회 같은 것은 반품이 안 되는
단단하게 보이지만 모래성 같은 거짓들

참은 느리지만 기다림의 미학이다
길도 없는 길을 달려온 느림보 삶의 진실
지금 서 있는 공간은 노을이 싸리문을 여는 순간
화려하지 않고 가슴 따뜻한 허상 아닌 진실

서둘지 않고 욕심에 빠지지 않고 지켜온 아랫목 미학
조여 오는 굴레에서도 굳건히 지켜온 참의 기다림
하얀 속살까지도 알 것만 같은 열매들의 항아리
이제 사랑하는 모든 것을 채워주고 돌려주고 싶다

아메리카노 커피처럼 쌉쌀하지만 상큼한 사랑을
가슴에 담아 우리 모두 함께 맛보며 살아 보자.

* 사라져 가는 한복문화를 살린다는 취지와 손자에게 전통을 익히게 하기 위해
양대 명절에는 아직까지 한복을 입는 우리 가족

* 2015년 명절 끝에 모두 함께 사랑을 느끼며

* 2012년 5월 26일 나(전영해)의 회갑일에

가족과 기념 촬영한 사진을 보면, 잊혀져 가는 풍습을 떠올리게 됩니다.
이 자리에 참석한 모든 분들께 축의금 일체 없는 감사의 행사이었습니다.

* 2016년 8월 16일 박숙희 여사 회갑 기념일에 부쳐

정직과 근면함으로 행복을 만들어 가는 우리 가족 모두는 회갑을 맞은 엄마의 만수무강을 기원 드립니다. 우리는 서로 각자가 지니고 있는 능력과 빛깔과 향기에 알맞은 그 무엇이 되기 위해 노력하며 진솔하게 살아갈 것을 다짐합니다. 사랑합니다. 고맙습니다. -가족 일동-

* 2021년 5월 22일 나(전영해)의 칠순을 맞은 고희연

부모

사랑의 크기를 알면 알수록 감당이 되지 않는
벅차오름에 절로 눈물이 흐른다
차라리 모르는 게 나을지 모를 거대함과
그리고 그들 역시 똑같이 힘들어 할 수 있는
나약한 사람이라는 것이
이제 부모가 되는 나를 비추어 알게 되니
보고 있어도 그립고 그리울 따름이다.
문어는 알을 낳고 알이 모두 부화할 때까지
먹지도 않고 자식을 지킨다
그리고는 굶어 죽어버린다고 한다
부모는 언제나 목숨보다도 자식을 소중히 여겨
나약해지는 마지막까지 자식을 어린애처럼
걱정하는 부모로서의 삶을 마친다
부모가 된다는 건 감당할 수 없는
내 부모의 사랑을 깨닫고 다시 돌려줌으로써
감당해 가는 과정인 듯하다
언젠가 내 아이의 부모이자, 내 부모의
부모가 되어야 하기에 청승맞게 미국행 비행기 안에서

멈추지 못하고 흘린 마음 약한 눈물은
태평양 바다에 남겨두고 일각의 깨달음만을
이 글에 남겨 간직하려 한다.

- 2012년 3월 18일
- 페루 출장 가는 비행기 안에서, 아들 성식이가

좌충우돌 시작이 반

이야기 하나 - 부딪치며 느끼며 생각하며

남자만의 특권, 남자의 완결판, 평생 이야기해도 할 얘기가 남는다는 군대 이야기. 내가 34개월의 병영생활을 마치고 제대하던 날은 설렘과 함께 고뇌의 시간이기도 했다. 나는 양구에 있는 병참부대에서 병장으로 만기제대를 했다. 양구에서 배를 타고 소양강댐을 거쳐 춘천까지 내려오는 동안, 나와 제대 동기들은 오만가지 상념에 잠겨 걱정 반 희망 반으로 울고 웃으며 헤어졌다.

34개월을 전방에서 훈련한 정신 상태는 사회에 나가면 사기치고 도둑질만 빼고는 무엇이든 할 것이라는 다짐이 소양강물을 데울 정도로 뜨거웠었다. 그중에서 어떤 친구는 뻥뻥대며 어려우면 찾아오라면서 허장성쇠를 부리기도 하고 어떤 친구는 고아로 태어나 갈 곳도 없다면서 시퍼런 한숨을 내쉬면서 뜨거운 손을 놓지 못하던 친구도 있었다. 나 또한 이리저리 골몰하지 않을 수 없었지만 제대하기 전부터 잦은 면회를 오가며 내가 갈 곳은 이미 다 얘기해 놨다면서 부대 선배의 말에 기대 반 의심 반으로 물결을 타고 넘었다.

제대 후 나는 이곳저곳을 누비며 취직의 문을 두드렸었지만 쉽지는 않았다. 그런 와중에 제대하기 전부터 접근해왔던 군대 선배에게는 결국 취직을 미끼로 당시 20만 원이란 거금을 사기만 당하고 말았다. 그 당시 20만 원의 가치는 직장인 4개월분의 월급이었다. 우여곡절 끝에 노량진에 있는 어느 중소기업에 취직을 하게 되었다. 사회에 나와 첫 직장을 다니게 된 나는 열심히 맡은 바 직책을 수행해 나갔다. 직장에는 남녀 200여 명 정도가 각종 과자케이스, 화장품 케이스를 제작 납품하는 '동아지기'라는 회사였는데 아침 출근길은 선남선녀들이 줄을 이어 출근하는 모습이 내 눈에는 그야말로 장관이었다. 아침부터 가슴이 뛰고 부풀어 올라 한동안은 일이 손에 안 잡힐 정도였었다. 군대에서 3년 동안 이런 모습을 본 적이 없었기에 더욱 그랬으리란 생각을 하면서 젊음이란 얼마나 좋은 것인지 감회가 새로워지면서 미래가 훤히 보이는 듯 했다.

몇 개월이 지난 후부터는 나는 일이면 일, 오락이면 오락 등으로

* 양구 2사단 병장 전역(뒷줄 중앙 필자)

주목을 받기 시작했다. 국방의 의무도 마쳤겠다, 외모까지 준수하다는 말을 듣는 터에다 특히 아가씨들에게는 결혼 적령기의 총각에다가 아직은 순진한 사회초년생이었으니 그런대로 인기가 좋을 수밖에 없었지 않았나 싶었다. 날로 자신감이 생기다 보니 부서의 아가씨들의 눈길을 사로잡는 데는 그리 많은 시간이 필요치 않았다. 잘하면 여기서 좋은 인연을 만날 수 있을지 모른다는 생각에 들뜬 마음까지 생겨 하루하루가 즐거움의 연속이었다. 하지만 새내기 신입사원의 이런 모습을 지켜보는 총각사원들의 집단 질투와 시기는 암컷을 차지하려는 수컷들의 혈투처럼 끝내 싸움으로까지 이어지는 해프닝까지 벌어지기도 했다. 떡 줄 사람은 생각지도 않는데 누구를 선택해야 하나 하는 김칫국부터 마시었다.

몇 개월이 지난 후 함께 사는 것도 불편하고 취직도 했으므로 얹혀살았던 형님 댁에서 독립을 선언하고 회사 근처에 방을 얻기로 결정을 했다. 사실 속마음은 결혼을 위한 독립선언이라고 해야 솔직한 심정일 것이다.

어느 날 방을 얻기 위해 회사 근처에 허름한 단층 한옥 집에 도착했다. 마당 가운데 우물이 있고 우물 주변에는 운동기구와 감나무까지 있는 전형적인 시골냄새가 풍겨나는 집이었다.

이야기 둘 – 최고의 선택

방 좀 보러왔다는 소리를 듣고 나온 사람은 주인이 아닌 옆방에 세 들어 산다는 아가씨였다. 바로 자기가 살고 있는 옆방을 보여주는 것이었다. 방은 크고 좋았지만 아예 솥단지 하나 올려놓을 부엌도 없는 방이면서 연탄불을 아궁이에 밀어 넣었다 빼냈다 하는 난방용에 불과한 방이었다.

하지만 나는 방 한번 쳐다보고 아가씨 한번 쳐다보면서, "아주 방이 맘에 드네요."라고 말 하면서 무조건 계약을 하겠다고 했다. 다음 날 계약을 하고 이사를 했다. 짐이라고는 비키니 옷장 하나와 지금은 볼 수도 없는 조그마한 철제책장 하나였다.

10월의 우물가에는 울긋불긋 감나무 낙엽이 우수수 떨어지는 소리와 함께 마당에는 낙엽이 흩날리어 가을의 정취가 물씬 풍기는 시월 첫 주말이었다. 이사를 했으니 집들이를 한다면서 회사 친구 몇 명을 부르고 집안에 사는 모든 사람들한테도 떡과 과일을 대접했다. 오직 아가씨의 눈길을 사로잡는 데만 신경을 쓰면서 사람들과 쉽게 친해지기 위해 다가갔다.

그 후 나의 끊임없는 노력으로 우리 둘 사이는 서로 좋아하는 사이로 발전해 가고 있었다. 그동안 회사 아가씨들에게 들떠있던 그런 마음이 한순간에 사라져 가는 계기가 되었다. 얼마나 내 눈에 아가씨가 천사 같고 구세주 같았으면 그랬었는지 지금 생각해 봐도 짐작하고도 남을 일이었다. 그렇게 달콤한 사랑의 굴레에서 꿈의 실현을 위해 열심히 일했다. 그러나 뜻을 이루어 나가는 데는 첩첩산중 많은 장벽이 앞을 가로막았다.

우선 한집에 세 들어 사는 훤칠한 키의 잘 생긴 총각이 이미 점찍어 놓고 서로 수인사를 나누는 사이인데다 신사적으로 품격 있게 주인집 아주머니한테 중매까지 부탁을 한 처지이고 보면 그 총각 입장에서는 아닌 밤중에 홍두깨라는 식으로 눈에 핏대가 서고 열불날 일이라는 것은 짐작하고도 남을 일이었다. 아침에 우물가에서 밥 지을 쌀을 함께 씻으며 아가씨 하나를 사이에 두고 신경전을 벌이는 쟁탈전이 며칠 계속되어 가던 중 어느 날 퇴근 후 그 총각이 내방으로 쳐들어와 포기하라며 협박을 했다. 키도 크고 덩치도 큰데다가 얼굴은 수두 자국으로 뒤덮었으니 그냥 보기만 해도 위압감이 느껴지고 오금이 저려올 정도였다. 육중한 체격을 가진 그 사람과의 언쟁이 시작되었지만 나의 당당함과 논리적인 설득으로 그는 더 이상 대항하지는 못했지만 그 뒤로도 계속 스토킹하며 한동안 괴롭히다가 끝내는 포기하고 말았다. 그때나 지금이나 그 총각을 생각해 보면 아주 멋지고 품격 있는 젊은이란 생각을 했을 정도였다. 그러나 이제부터 더 큰 시련이 찾아왔다.

그 후 몇 달 후 시골에서 아가씨의 부모님께서 올라와 첫인사 자리를 마련했었는데 무슨 일인지 다짜고짜 장모님께서는 절대 불가라는 확고한 의지를 피력하시었다. 아무리 설득을 해도 요지부동이셨다. 그러나 장인 되실 어른께서는 술 한 잔 드시면서 “남자는 괜찮은데”라는 말씀으로 나를 인정해 주시는 듯했다. 어머니의 흔들리지 않는 반대에 효심 깊은 아가씨는 할 수 없다는 듯이 내게 넌지시 결별을 선언하면서 나를 회피하기 시작했다. 이미 우리는 혼전 동거라는 선을 넘은 상태이었기에 그렇게 쉽게 결별을 선언할 줄은 꿈에도 생각을 못했었다.

퇴근하여 집에 들어서면 창문에 불빛조차 보이질 않았다. 갈 만한 곳을 밤마다 찾아 헤매다 돌아오면 녹초가 되어 회사에 출근을 해서도 일이 손에 잡히질 않았다.

혹시나 만나지 않을까 하는 희미한 기대 속에 회사 점심시간을 이용해 가끔씩 집을 드나들었는데 어느 날 짐을 싸들고 나오는 아가씨를 만나 애원하고 겁박하면서 다짐을 받고 회사에 돌아갔다. 저녁에 와 보면 아가씨는 또 보이질 않았다.

그 순간 나는 눈에 불꽃이 튀는 오기가 발동했다. 매일 밤 정처 없이 찾으러 다녔지만 찾아질 리 만무했다. 그러다가 설 명절이 돌아왔다. 설을 쇠러 고향에는 갔을 것으로 추정하면서 차례를 지내자마자, 한 번도 가보지 않은 아내의 고향집을 찾아 나섰다. 초행길이라 물어물어 찾아 갔지만 아내는 고향에 내려오지 않았다.

나는 서울로 오기에는 너무 멀어 하룻밤을 묵을 수밖에 없었는데 명절이라 모인 가족 중의 한 분이 장모님을 설득하여 하룻밤을 묵어가게 해 주셨다. 아침에 서울 집으로 와서 대문을 여는 순간, 아가씨를 다시 만나게 되어 눈물로 애원하며 설득을 하니 시골집까지 갔다 왔다는 소리에 이제 아가씨도 포기를 했는지 나의 마음을 이해해 주었다.

그때 나는 내가 인정 못 받았던 것에 대해 많은 자책을 했었지만 나중에 들은 얘기로는, 장모님께서 마음의 문을 굳게 닫을 수밖에 없었던 까닭이 궁합이 좋지 않다는 이유였다고 했다.

나는 그런 이유라면 아무 걱정하지 말라고 아가씨를 설득하여 끝내는 결혼 승낙까지 받아냈다. 가진 것이라고는 오직 튼튼한 육체와 강인한 정신력과 자신감, 이것만이 나의 자산 전부였다. 내가 돈을 빨리 벌 수 있는 길은 그때 한창 유행처럼 번졌던 사우디 근로자로 가는 길밖에 없다는 생각을 해왔었기에 시험에 합격까지 해 놓은 상태에서 기다리는 중이다 보니 언제 송출 명령이 떨어질지 몰랐다. 그러기에 빨리 결혼이라도 해서 아내를 지켜야 한다는 생각으로 그것도 삼복더위가 기승을 부리는 중복 날을 택해 결혼을 하기에 이르렀다.

중복 날의 기억

– 재수 없는 여자가 따로 있나?

최고의 꿈을 이루던 1979년 7월 22일은 세상을 다 얻은 듯한 기분에 들떠 잠도 제대로 못 이루고 허겁지겁 아침밥을 먹는 둥 마는 둥 안 어울리는 양복 한 벌 걸쳐 입고 황급하게 영등포 로터리의 중앙예식장으로 달렸다.

원래 몸에 열이 많아 조금만 움직여도 땀이 잘 나는 체질인 나로서는 중복 날의 기온에는 말할 나위도 없이 온몸이 땀으로 범벅이 되었다. 설상가상으로 비까지 내리니 모처럼 머리를 손질한 나는 그저 물에 빠진 생쥐 모양을 하고 이리저리 뛰어다니며 손님들을 확인하고 식을 진행시키고 있었다.

예식 시작 시간이 다 되어도 와야 할 친구며 친척들의 모습이 눈에 띄지 않아 불안해하던 중 사무실에서의 안내방송이 내 귀를 의심케 했다. 아뿔싸! 고향에서 하객을 태우고 상경 중이던 버스가 천안쯤에서 사고를 당했다는 것이었다. 순간 나는 심장이 멈출 것만 같았다. 정신이 몽롱한 상태에서 자초지종을 알 길이 없어 불안해하던 차에 불길하게도 누군가의 투덜대는 소리가 들려왔다.

"에이! 여자가 재수가 없나, 왜 이런 일이 생겨?"

하객으로 오신 어느 손님의 짜증 섞인 푸념이었다. 정말 기가 막혀

말이 안 나왔다. 중복 날이다 보니 다행히 뒤에 기다리는 행사가 없어 30여 분을 지체하다 예식은 시작되었다.

부모님께 죄송하고 모든 하객 분들에게 미안했지만 그것이 어찌 나의 잘못이란 말이던가? 연신 흐르는 땀을 씻어내면서 불안한 마음으로 일단 식을 마쳤다.

하지만 비는 더욱 거세게 퍼부었다. 하객으로 참석하려던 친척들이며 친구 몇 명이 현지 병원에 입원하고 다수는 서울에 있는 을지병원에 입원하여 치료 중이라고 했다. 이것이 바로 1979년 40년 전 중복 날에 있었던 나의 결혼식이고, 사건이며 기록이다.

양력으로 7월 22일이지만 음력은 중복 날이었다. 아무도 중복 날에 결혼식을 치르는 사람은 없었다. 그런데도 나는 삼복더위 중에 중복 날을 택하여 결혼식을 치렀다.

그럴만한 이유가 있었다면 그때는 누구나 할 것 없이 어려운 형편에 결혼을 한다 해도 전셋집 하나 얻어가기란 여간 힘들지 않았다. 또한 여름에 결혼식을 하면 식장비의 할인을 받을 수 있었던 시절이었다. 그러나 나는 그런 이유보다 더 중요한 일이 있었다.

당시만 해도 가장 큰 로망이었던 사우디 근로현장에 가기 위한 수단으로 중장비 면허를 따서 건설회사에 합격해 놓고 송출 명령만을 기다리고 있던 중이었다. 이미 결혼 전에 준비해 두었는데 언제 송출 명령이 나올지 몰랐었기 때문에 서두를 수밖에 없었다.

군대 제대하고 나서 직장 잡고 방 얻으러 갔다가 만난 지금의 아내와 급행열차 타듯 결혼은 하였지만 빈 주머니를 채우기 위한 가장 빠른 길은 오직 이 길만이 최선의 선택이었다.

하면 된다는 열정 하나만 있을 뿐 미래에 대한 어떤 찬스도 비전도 없었다. 하지만 내 눈에는 천하일색인 지금의 아내를 잘 지켜내기 위해서는 무엇이든 방법을 찾지 않으면 안 되었었다.

반대를 무릅쓰고 이뤄낸 결혼에다 결혼식 날부터 사고라는 불미스런 일까지 생기다 보니 더더욱 강한 집념이 마음속에 생기었다.

하객들이 병원에 입원해 있는 상황이다 보니 신혼여행을 가기란 현실적으로 어려웠었다. 우여곡절 끝에 서울에서 그래도 제일 로망이었던 워커힐 호텔에 여장을 풀었다. 여전히 장맛비는 세차게 내렸다.

신혼여행도 못가는 순탄치 못한 출발이라 서로가 신경이 날카로운 상황에서 겨우 처음 논의한다는 게 축의금으로 들어온 30만 원으로 고향에 계신 부모님께 송아지 한 마리 사주는 게 어떠냐는 나의 제안과 월세 보증금으로 써야 한다는 아내의 주장이 상충되는 견해 차이로 신혼 첫날밤부터 우리는 한바탕 언쟁을 벌이기도 하였다.

당시 소 한 마리 키우는 것은 시골에서는 재산목록 1호였을 뿐만 아니라 아버지의 소망이기도 하셨던 어려운 시절이었기에 나는 그것을 꼭 이루어 주고 싶었다.

불편한 하룻밤을 지내고 이튿날부터는 교통사고로 입원한 하객들의 병문안을 다녀야만 했다. 참으로 웃지 못 할 일이 아니던가?

그런저런 이유로 흔치 않은 혼란을 겪었기에 나는 결심했다. 무슨 일이 있어도 앞으로 우리에게 태어날 자식들에게는 가난이라는 유산은 절대 물려주지 말아야겠다는 다짐을 하고 또 다짐했다.

그렇게 나는 최선을 다하여 살아온 나의 인생도 어느덧 환갑을 맞아 요즘 보기 드문 성대한 잔치를 치르고 보니 인생은 참으로 짧다는 생각이 들면서 지금껏 살아온 내 삶이 주마등처럼 스쳐 지나간다.

얼마나 살았다고 지난날의 삶에 대해 회한을 이야기한다 할지 모르겠지만, 나는 오랜 세월을 신장병에 시달리며 많은 제약을 받으며 살아왔다.

딸·아들 남매를 두어 모두 짝을 맺게 해주고 사위와 아들은 국내 굴지의 대기업에서 촉망받는 사원으로 근무하고 있으며 딸은 석사 음악치료사로, 며느리는 이화여대를 나와 영어 강사로 직업이 있었지만 지금은 아이들 육아에만 전념하고 있다.

외손녀와 친손자를 둔 할아버지가 된 지금, 나는 손자 이름 짓는 것에 신경 쓰는 만학의 문예창작과 졸업생으로 글을 쓰고 있는 행복한 시간이다.

풍부한 것은 우리 삶에 있어 절대적 필요조건이기는 하겠지만 그것이 절대적으로 풍요를 가져다주는 충분조건은 아니라는 생각을 해 본다.

'하늘은 스스로 돕는 자를 돕는다.'는 말과 '하면 된다.'라는 신념 하나로 모든 것을 긍정적으로 생각하며 살아온 지난날이 그리워진다. 그리고 항상 어려울 때의 그 시절을 되돌아보며 겸손과 사랑으로 세상을 살아가려 한다.

회갑 나이에 돌아가신 아버지와 73세에 돌아가신 어머니가 더욱 그리워진다.

과연 '재수 없는 여자가 있는 것일까?'

그렇지 않다는 사실을 꼭 보여 주고 싶어 열심히 살아왔음을 고백한다.

그때를 생각하면 아주 기가 막힌 일이었으나 40년이 지난 지금은 하나의 추억으로 글의 소재가 되는 슬프고도 기쁜 날의 사건 기록을 적어본다.

* 1979년 7월 22일 중복 날, 영등포 중앙예식장 결혼식 후 폐백 모습
양쪽에 앉아 계신 필자의 부모님

당신

보조 등불마저 잠든 밤 창문을 두드리는 바람이
한 아름 소포를 내려놓고 달아나네요
발신지가 홍도라고 희미하게 적혀있는 소포 위에
빨간 장미 한 송이가 윙크하며 입술을 내미네요

아침 햇살이 익기도 전에 수줍은 듯 미안한 듯
인사하며 현관문을 나설 때 문도 못 열어 주고
무거운 눈꺼풀을 치켜 올리며 잘 갔다 오라는
소소한 인사말이 삼십여 년 만의 나들이에서 처음일 줄이야

저 홍도 놀러가요, 이 말 한 마디 하기까지
당신은 얼마나 힘이 들었을지 이제 나는 알 것 같아요
혼자 가본 적 없는 나들이 포근히 감싸주지 못한 미안함
당신이 없는 틈을 타고 물밀 듯 가슴을 적셔 오네요

쪽빛 물결 파도가 춤추고 갈매기 노래하는 그곳에서
파란 하늘 보며 바다 향기 가득 안고 사뿐히 돌아와
벨을 울리고 보조 등을 켜 주세요
서투른 깨달음을 당신의 방마다에 붙여놓으리다.

도전은 아름답다

이야기 하나 – 슬픔에 찬 꽃나비

도전은 꿈이요 꿈은 긍정의 힘이다. 긍정의 힘은 평범한 것을 특별한 것으로 만들어준다. 일상의 평범한 것에 안주하다 보면 현실의 아름다움에 공감하기 어렵다. 하여 인생은 도전하고 창조하려는 욕망에 사로잡힌다.

결혼을 서둘렀던 이유를 앞장의 〈중복 날의 기억〉에서도 기술했지만 결혼 전부터 계획했던 목표를 위해 나는 벽산그룹 해외 송출과를 몇 번씩 드나들면서 내가 신청한 사우디 현장 송출을 부탁하고 돌아왔다. 막연하게 기다리는 것의 지루함 때문이기도 하지만 기왕에 맘먹은 일은 빨리 하는 것이 내 성격이기 때문이다. 그런데 아내도 나 몰래 회사를 방문하여 하루빨리 송출해 줄 것을 부탁했다고 한다.

부모님의 반대를 무릅쓰고 어렵게 이룬 결혼이기도 했지만, 뱃속에 자라고 있는 2세를 위해서는 어떻게든 좀 더 빨리 형편이 나아져야 하는 기반이 필요했기 때문이었다. 설움 받던 문간방을 면하고 궁핍의 굴레에서 벗어나기 위한 최선의 선택은 사우디 현장에서 땀을 흘리는 일 외엔 다른 대안이 없었다.

79년 나뭇가지 위에 매달려 작별의 아쉬움을 고하려는 늦가을에 기다리고 기다리던 송출 명령이 떨어졌다. 그해 12월 19일로 비행기

타는 날이 잡혔다는 통보는 한편 기쁘면서 한편 아련하고 애처로운 감정으로 밤잠을 설치기도 했다. 이제는 정말 가는구나 하면서 울고 웃으며 다짐하고 또 다짐했다.

내 나이 28살에 24살인 아내와 결혼한 지 4개월 만의 기막힌 결정이었다. 신혼의 단꿈마저 포기하면서까지 아내와 아이들한테 떳떳한 가장의 모습을 그리기 위한 부득이한 선택이었다. 임신과 출산까지의 고통을 남편 없이 혼자 감내해야 하는 아내에게 나의 결기를 보여주기 위한 장부의 발걸음이라고는 하지만 어찌 보면 너무 가혹한 젊음의 객기가 아니었나 싶은 생각마저 들기도 했었다.

이것저것 정리를 해야 할 일들 중에 가장 시급한 일은 부엌 문간방을 벗어나는 일이었다. 조그마한 옹기 단지 몇 개 있는 소박한 살림살이를 주인집 막내아들의 행패로 깨지고 부서지는 설움을 당했던 결혼 직후의 참담함을 탈피하기 위해서는 우선 방부터 안전한 곳으로 옮겨야 한다는 생각을 하게 되었다. 하지만 내가 다니던 회사 퇴직금이 나오기 전에는 전세금 120만 원을 구하기란 쉬운 일이 아니었다. 그러나 아내는 그걸 해결하고 이사를 갔다.

나중에 안 일이지만 모자라는 돈은 아내의 형제간에게서 빌렸던 것이다. 그 말을 듣는 순간 나는 남자의 자존심을 구겼다면서 아내에게 크게 화낸 적이 있었다. 지금 생각하면 어처구니없는 허세였지만 미안한 마음으로 더 굳게 결심하며 마음을 다잡을 수가 있었다.

사우디로 떠나는 날, 집 앞 언덕 위까지 배웅 나와 슬픔에 찬 눈망울로 나를 바라보며 목 메인 목소리로 "잘 갔다 와요."라는 인사말에는 차마 눈을 마주칠 수가 없었다. 어렵게 결혼하여 신혼의 단꿈을 뒤로 미룬 채 남편과 작별을 해야 하는 아내의 서러운 눈물은 내 평생 잊지 못할 가장 소중한 기억으로 남을 것이다. 이런 소리 없는 고통으로 인해 나는 더욱 강한 의지와 열정이 가슴 깊은 곳에서 활화산이 되어 타올랐다.

나는 떨어지지 않는 발걸음을 아무렇지도 않은 듯 눈물을 참아가며 손 한 번 흔들어 주며 허공에 대고 맹세했다. 돌아와서 꼭 행복하게 해 주겠노라고 굳은 약속을 하면서 난생처음 사우디로 떠나던 날은 12월의 눈발이 나비처럼 펄럭이며 온 누리를 하얗게 물들이며 축복해 주는 듯했다.

이야기 둘 - 황금을 캐다

사우디 제다 공항은 바닷가를 끼고 있었다. 25시간여 만에 공항대합실에 들어서자 제일 먼저 느끼는 것은 타국의 풍광도 인종의 다름도 아닌 이곳에 와본 사람만이 알 수 있는 거북스러운 다른 인종만이 가지고 있는 냄새였다. 그런 냄새는 처음 맡아보는 냄새로 꽤나 오랜 시간이 지나서야 적응이 되어 갔다.

일행은 버스에 올라 몇 시간을 달렸는지 허허벌판에 막사가 줄지어있는 타북이라는 소도시 외곽에 있는 대단위 주택 공사장이었다. 나는 입사시험 때 중장비 불도저로 합격을 했으니 당연히 중기부서에 배치가 되어 일하게 되었다.

아침 동이 트기도 전에 일어나 식사를 마치고 현장에 도착을 해도 해는 떠오르지 않아 장작불을 지피고 기다렸다. 날이 밝으면 일이 시작되었다. 국내에서 이렇게 일찍 일어나 일해 본 적이 한 번도 없는 터라, 그러면 그렇지 돈을 그냥 버는 게 아니라는 사실을 깨닫게 되었다. 중장비 면허증만 따 가지고 왔을 뿐, 현장 일을 안 해본 나로서는 기술자들의 일하는 솜씨에 미리 질려서 자신이 없다고 상사에게 이실직고했다.

그러다보니 내게 주어진 임무는 사막 한가운데 있는 폐기물이나 흙들을 덤프트럭으로 싣고 와서 버리고 가면 불도저로 밀어 평을 잡는 아주 단순한 일이었다. 언뜻 보기에 쉬운 것 같아 보였지만 허허벌판의 사막에서 세차게 불어대는 모래바람을 온몸에 뒤집어쓰면서

* 1980년 사우디 근무 중에

작업을 하려니 참으로 끔찍하기만 했다. 여러 대의 덤프트럭을 몰고 경주하듯 달리는 동료들을 보니 차라리 덤프트럭 하는 것이 편하고 재미있을 것 같아 트럭 한 대를 배정받아 한동안 일을 했다. 장비 검열 심사에서 가장 깨끗하게 관리 잘 한다는 평점을 받아 그 많은 사람들 중에서 일등을 하기도 했다.

일이 끝나고 서산마루에 노을이 질 무렵이면 처지가 비슷한 동료, 서너 명이 집으로 돌아가는 낙타 떼를 보면서 두고 온 아내 생각에 우리는 합창으로 아내 이름을 목구멍이 쉬도록 저녁마다 불러 재꼈다. 얼마나 보고 싶고 그리웠으면 아마도 3개월은 그랬었던 기억이 아직도 여운으로 남는다.

어느 날 저녁 중기부에서 호출이 와 가보니 중기부 인원 200여 명 중에 선발되었다면서 당장 본사 지점이 있는 사우디 수도인 리야드로 가야 한다는 것이었다. 후에 들은 얘기로는 신상명세서 제출에서 나타난 이력서와 담배를 피우지 않는 것을 높이 평가했다는 인솔자의 얘기를 들었다. 밤 비행기를 타고 리야드에 도착하니 교통은 말할 것도 없고 사람의 이동이 서울과 다를 바가 없을 정도로 북적댔다. 그리고 지점에서 근무하는 동료들의 얘기를 종합해 보니 지점장 승용차 운전을 하게 되면 편하기는 하지만 월급이 적다는 것이었다.

나는 순간, 아! 이건 아니다 싶었다. 상무님의 면담자리에서 나는 갖은 엄살을 떨면서 지점장님의 승용차 운전은 겁이 나서 못한다고 사양했다. 별로 마음에 들지 않게 하기 위해서 수염도 깎지 않은 채 면담을 했으니 당연한 결과를 얻어 내어 그 일은 하지 않게 되었다.

그러나 그 후로 한동안 보직을 받지 못하고 빈둥대고 있을 무렵 구세주가 나타났다. 국내에서 시험관이었던 계장님께서 지점으로 오셨다. 찾아가 인사를 하니 바로 알아보면서 애로사항을 얘기하라시면서 곧 귀국할 탱크로리 물차 기사 대타로 일을 하도록 배려해 주셨는데, 탱크로리라는 물차는 한 번도 해본 적이 없었던 터라 겁이 나긴 했지만 돈을 잘 번다는 소리에 첫 운행으로 목욕물을 사러 가는 운행에 나섰다. 그런데 유턴을 하다가 사각지대에서의 시야를 보지 못하고 달려오는 벤츠차에 부딪치어 벤츠는 언덕 밑으로 굴러 차바퀴가 하늘을 보고 있었다. 선임자의 신고로 나는 경찰차에 태워져 바로 유치장으로 유치되었다.

이게 무슨 날벼락이란 말인가. 유치장 안에는 한국인을 비롯해서 각국의 사람들이 카펫 위에 앉아 자기방어 논리에 여념이 없었다. 순간 나의 꿈이 산산조각이 나는 엄청난 공포와 초조감에 떨면서 7시간을 갇혀 있다가 풀려났지만 마음은 천근만근 지옥의 늪에서 빠져 나온 것 같이 하늘이 노랗게 보였다. 회사에 돌아와 들은 얘기로는 피해 차량이 사우디인이 아닌 것이 천만다행이라고 했다. 피해 차량의 다섯 사람은 이집트인이어서 합의만 하면 풀어준다고 했다.

크게 다친 사람은 없었으나 치료비와 차량 수리비 모두 회사에서 책임을 졌다고 했다. 월급에서 감액하지나 않을까 하는 걱정이 제일 가슴 조였던 그때를 생각하면 지금도 치가 떨린다.

이 일로 사무실에 가서 시말서라는 것을 썼는데 상사들이 보고 나를 불렀다. 그동안 무관심으로 보아오던 내가 뭔가 상사들에게 어필되는 부분이 있었던 것 같았다. 아마도 시말서에서 나타난 나의 내면을 상사가 발견하지 않았나 하는 생각을 했다.

그 뒤로 나는 선호도 1위 보직인 구매 담당 일을 시작하게 되었다. 픽업 차량 한 대 몰고 다니면서 건축자재를 구매해 오는 일을 맡았는데 이 일을 하기 위하여 영한사전 한 권을 주머니에 넣고 다니면서 차질 없이 2개월가량을 열심히 일했는데 국내에서 그 직종의 사람이 와서 더 이상 유지는 어려웠었다.

그러나 그 일 이후 또 다시 특혜인지 인정인지 출퇴근 버스운행을 맡게 되었다. 한 번도 버스를 안 해본 나로서는 첫 출근길에 얼마나 긴장을 했으면 온몸이 땀으로 흠뻑 젖었었다. 날이 갈수록 버스운전은 익숙해져 현장 근로자들의 갈증을 풀어주는 통 물을 사다 주는 일, 휴일에는 시내로 쇼핑 가는 일 등을 하게 되면서 나의 시급은 두 배까지 올라가 누구보다도 월급이 많았었다.

사우디에 와서 자리 잡기까지의 수난을 얘기하자면 끝도 없지만

* 1980년 사우디 리야드 현장에서 최고의 로망이었던 출퇴근 버스 운행 직무수행 중 최고의 전성기를 누렸던 그때 모습

빈둥대며 한 달 지나는 동안의 마음고생과 현장 건축물에 물 뿌리다 대못에 발바닥이 찔려 고생한 일 등을 극복하고 귀국할 때까지 인정을 받을 수 있었던 것은 오직 황금을 캐기 위한 성실함의 노력 덕분이 아닌가 생각해 본다.

회사에서의 연장 계약을 간절하게 권했지만 나는 지금쯤 태어나 있을 아이와 아내에 대한 그리움 때문에 거절하고 보무步武도 당당하게 이듬해인 12월에 귀국을 했다.

공항에서 마주한 사랑스러운 나의 2세인 딸 현진이는 처음 보는 아빠인데도 방긋 웃어주는 그 모습은 우리 가족 행복의 원천이 될 것을 확신하면서 부모님과 형님 댁에서의 파티는 축하의 자리이면서 미래를 향한 팡파르가 아니었나 싶다.

코로나19

2020 경자년 새해 아침, 어둠이 채 가시기도 전 매년 새해 첫날은 습관적으로 관악산을 찾는다. 건강한 체력을 위한 수련과 한해의 무사함을 기원하는 희망의 기도를 위해 관악산 해돋이에 나선다. 지난 한 해 동안 쌓였던 삶의 묵은 찌꺼기들을 관악산 자락에 다 내려놓고 돌아오는 길은 마음도 발걸음도 가벼웠다.

이는 지난 12월 26일 베트남 호찌민으로 이사를 간 아들네 가족이 잘 정착했다는 소식이 전해진 새해 아침이었기 때문이었다.

아들은 화학 유제품을 생산하여 국내는 물론 각국에 수출하는 중견기업인 한국유화라는 회사에서 근무하던 중 능력을 인정받아서인지 이번에 새로 설립하는 베트남법인 지사장으로 가게 되었다. 수년간 무역 일을 하면서 다져졌다고는 하지만 여러모로 걱정이 많이 되었다. 그보다 더 큰 걱정은 국내에서 초등학교 1년을 마치고 간 손자가 영어시험을 봐서 국제학교에 합격은 했다지만 새로운 세계의 환경 적응이 어린 손자가 감당할 수 있을까 하는 걱정이다.

이런 조건에서 상당한 시간을 필요로 하는 상황에서 아들네가 출국하고 한 달도 채 안 되는 기간 중에 국내에서 1월 21일을 기점으로 생전 듣지도 보지도 못한 감염병이 중국 우한시라는 곳에서 발생해 우리나라에 전염되어 첫 확진 환자가 발생했던 것이다. 처음에는 몇 년 전 발생한 사스나 메르스 바이러스처럼 잠시 머무르다 사라질 것이라고 대수롭지 않게 생각했었는데, 그러나 이번에 온 우한 폐렴은 지금까지 국내에 들어왔던 바이러스와는 전혀 다른 종이었다. 걷잡을 수 없는 전파력에 사망률까지 높은 바이러스로 온 나라는 물론 전 세계가 경악할 정도의 파괴력으로 지구촌을 집어삼키고 있다.

그 이후부터는 우한 폐렴의 바이러스가 전 세계에 기하급수적으로 퍼져나갔다. 선진국 후진국을 가리지 않는 코로나 감염병 위력에 세계보건기구에서는 팬데믹이라는 감염병 최고 경고 등급을 선포하기에 이르렀다. 참으로 불안하지 않을 수 없다. 감기만 걸려도 사람들의 눈총이 따갑고 가족끼리도 거리두기를 해야만 했다.

불안이 가장 최고조에 달했던 시기에 하필 나도 감기에 걸려 누구에게 말도 못하고 집에 있으면서까지 마스크를 쓰고 있는데 아내마저도 나를 멀리하면서 의심의 눈초리로 바라보았다. 조심하지 않았다는 표정으로 집안 분위기마저 싸늘해져 갔다. 도무지 견디기가 어려워 바로 병원에 가서 진단을 받고 이틀 동안 약을 먹으니 바로 감기는 사라지고 정상으로 돌아왔다. 사실상 의심은 아내뿐만 아니라 나 자신도 그 공포로 인해 밤잠까지 설쳤던 기억이 정말 생각조차 하기 싫었다.

이렇다 보니 코로나19의 전파를 막기 위한 방역으로 각 국가에서는 강도 높은 조치들이 하루가 다르게 취해져 항공기의 국가 간 왕래를 중단하는 엄청난 일들이 곳곳에서 벌어졌고 출입국자들에게는 감염병 확진자 선별을 위한 검사와 양성 확진자에 대한 14일의 격리

조치 등 나라마다 코로나와의 전쟁을 치르는 초유의 비극적 사태가 벌어지고 있다.

한편 국내에서는 방역의 일환으로 마스크 사용과 사회적 거리두기를 강력하게 권장함으로 인해 때 아닌 마스크 구매를 위해 약국마다 장사진을 이루는 진풍경이 벌어졌다. 마스크 구매를 위해 줄을 섰다가 감염이 되었다는 뉴스도 나오고 하다 보니 불안은 더욱 커졌다. 이를 해소하기 위해 나는 인터넷으로 10장의 마스크를 거금 6만 원에 구매해 사용하기도 했었다.

이렇다 보니 단체나 소모임 또한 제약을 받아 몇 개월씩 건너뛰는 것은 물론 사회적 거리두기로 모든 상업이 부진 속에 매출이 급감하는 관계로 경기는 마이너스, 사람 간의 관계는 멀어지고 각박해져만 가고 있는 것이 2020년 8월 18일의 피할 수 없는 현실이다.

엎친 데 덮친다고 지금은 장맛비까지 끊임없이 내려 지금까지의 통계로 가장 긴 58일의 장마와 8월 11일 기준 4,349세대 7,512명의 수재민과 사망자는 31명에 실종자 11명 등이 발생하는 최악의 여름 재앙이었다. 8월 18일 현재 코로나가 발생한 7개월 동안 우리나라의 확진자 수는 15,761명에다 사망자 수만 하더라도 306명이나 되었고 전 세계의 감염자 수는 2천200만 명 초과로 집계되었으며 사망자 수는 77만 명이 넘어가고 있는 형편이나 앞으로 얼마나 더 감염자와 사망자가 늘어날지는 짐작조차 어려운 형편이다. 어찌 이 일을 금세기 최악의 재앙이라 아니할 수 있겠는가?

아들네 가족이 베트남에 정착한 지 7개월이 지난 지금은 다행하게도 베트남의 방역이 조기성과를 거뒀는지 다른 국가들보다는 감염지

수가 적은 관계로 제약이 다소 완화된 상태라서 손자의 학교생활과 아들의 업무는 겨우겨우 지탱해 가는 실정이라고는 하나 어찌 부모로서 걱정이 없을 수가 있겠는가?

하지만 이 또한 지나가리라는 희망으로 이 상황을 잘 견디어 보자는 생각뿐이다. 코로나19도 장마에 보금자리를 잃은 수재민도 잘 참고 견디다 보면 밝은 내일이 찾아올 거라는 믿음 외엔 아무 것도 할 수 없는 실정이다. 관악산 골짜기의 맑은 물이 옹알거리며 흘러가는 소리에 싱그러움마저 넘쳐나는 8월에는 모든 걱정거리가 종식되기를 간절히 바랄뿐이다. 특히 호찌민에 있는 아들네 가정의 안녕과 우리 사회 모든 구성원의 안전과 평안을 기원하면서 한 편의 글로 마감해 본다.

기도

하룻밤 묵어가는 나그네인줄 알았습니다
형체도 없고 냄새도 없으면서
허락도 없이 찾아온 당신은 누구십니까

보이지 않는 입맞춤으로 노크도 없이
새들도 나뭇잎도 숨죽이는 이 재앙
이 상처를 주고 가는 당신은 누구십니까

허공에 떠도는 영혼들의 저 아우성
빗물 반 눈물 반 넘쳐나는 이 광풍을
보지도 듣지도 못하는 당신은 누구십니까

바람에 날렸던 그 악취 강물에 담갔던
발자국 흔적마저도 남김없이 왔던 그곳으로
이제 제발 떠나가게 해 주옵소서

두 번 다시 부르고 싶지 않은 그 이름 코로나19여!

잘 될 거야

사람이 한평생을 살아가다 보면 예기치 않은 일들을 겪게 된다. 2016년 7월 16일 아침, 두 번 다시 겪어서는 안 되는 일이 우리 가족에게 닥쳤다.

장맛비가 부슬부슬 내리는 토요일 아침 TV 화면에 뉴스 속보가 떴다. 요즘 자주 뜨는 속보는 IS에 대한 뉴스가 대부분이다. 먼 이국에서 들려오는 사건들이기에 걱정은 했었지만 그렇게 크게 신경은 쓰지 않았었다. 나와는 상관없는 일이라는 생각에 또 터졌네 하는 정도로 지나쳤었다. 하지만 이번 속보는 나의 눈과 귀를 의심하게 하는 아주 충격적인 뉴스의 속보였다. 소식을 접하는 순간 나의 심장박동은 빨라지고 비 오는 날 창문에 낀 성에처럼 눈에는 안개가 자욱하여 침침해지기 시작했다. 운동하는 헬스장 안의 사람들까지 희미해지고 어떻게 해야 할지 마음만 허둥댔다.

뉴스를 계속 들으며 정신을 차리고 가장 소통이 잘 되는 며느리에게 전화를 걸었다. 며느리는 이미 카톡으로 그곳의 소식을 들은 터인지 나의 급박하고 애절한 감정보다는 좀 느긋한 목소리로 전화를 받았다. 순간 나는 어리둥절하며 옹졸한 생각까지 들었다.

지금 생각해 보면 부끄럽기도 하지만 아무튼 국내에서 벌어진 일도 아닌데 어떤 방법을 찾을 수도 없었으니 잘 해결되기만을 간절하게 기도하는 수밖에 없었다.

이번 사건은 다름 아닌 먼 이국 형제의 나라라고 일컫는 터키에서 발생한 군사 쿠데타 뉴스였다. 군인 등 민간인 피해가 발생하고 방송국과 공항이 쿠데타군에 점령되었다는 것이었다. 그리고 공항에는 우리 교민 40여 명이 발이 묶여 공포에 떨고 있다는 뉴스였다. 며칠 전 아들이 터키로 출장 간다는 전화를 받은 지 4일 만의 일이었다.

아들은 5년 전 국내 30대 그룹의 회사에 입사하여 무역 팀에 근무하면서 아시아는 물론 아메리카·유럽까지도 업무 차 출장을 자주 다니던 터였다. 그런데 이번 터키 출장을 알려 왔을 때는 왠지 마음이 편치가 않다는 것을 아내에게만 볼멘소리를 하는 정도로 끝내고 잘 갔다 올 것을 기원하던 중이었다.

출장을 자주 나가는 아들에게 내가 입버릇처럼 하는 말이 하나 있다. 어디를 가든 부모님께 반드시 고해야 하는 '출필고 반필면出必告反必面'이라는 말, 나갈 때는 반드시 고하고 돌아와서는 반드시 얼굴을 보여야 한다는 고사였다. 분명 나갈 때 고했으니 돌아와 서로가 상면을 해야 하는데 돌아올 시간을 하루가 넘게 지연되는 상황을 맞이하게 된 이 시간 자식을 둔 부모라면 누구든 충격이 아닐 수 없었을 것이다.

터키에서 아들한테 답이 왔다. 아뿔싸! 아니나 다를까 아들 녀석이 그곳 공항에 고립되어 있다는 것이었다. 열 시간 넘게 탱크가 공항 앞에 진을 치고 총성이 울리어 유리창이 깨어지고 한다는 카톡의 알림은 실로 참아야 하는 한계를 뛰어넘는 고통의 시간이었다. 좌불안석이었다. 출국을 알려 왔을 때에 느꼈던 불안이 사실로 확인되는 순간이었다.

그날따라 나의 일정은 안양에 있는 어느 호텔에 30여 명의 인원이 모여 워크숍을 하고 중식과 여흥의 시간을 갖기로 되어 있었다. 참석을 포기해야 옳은 일인지 망설이고 있을 무렵 조금은 안심이 되는 소식이 전해졌다. 쿠데타군이 실패로 끝나 터키 정부에서도 수습에 나서고 있고 우리나라 정부에서도 교민 안전대책회의를 하면서 자국으로의 귀환을 적극 모색하고 있다는 내용이 계속해서 뉴스에 뜨고 있었다. 그러나 카톡으로 전해오는 소식은 국내에서의 발표와는 온도 차이가 난다는 것이었다.

일부 매체에서는 국적 항공기는 아예 결항이다 보니 수송대책을 계속 터키 정부와 협상 중이라는 것이었다. 아무튼 쿠데타가 실패로 끝나고 휴가 중이었던 대통령이 돌아와 수습한다는 발표에 다소 안심이 되어 일단은 워크숍에 참석을 했다. 그렇다고 내색을 할 수도 없고 태연한 척해 보아도 미소 없는 얼굴의 근심을 털어내기는 어려웠다.

얼굴은 마음의 창이라고 하지 않았던가. 그늘진 나의 모습을 놓치지 않고 평소 가장 잘 소통하고 지내는 친구가 물어 왔을 때, 나는 왠지 서러운 마음이 울컥 들어 눈물이 핑 돌면서 더듬거리는 언어로 제대로 말을 못하고 밖으로 나가고 말았다. 이런 억제할 수 없는 감정의 분출이 내 가슴 속에 숨겨져 있었다는 것에 나 자신도 놀라지 않을 수 없었다.

나는 이번 일을 계기로 옛날의 내가 아님을 발견한 셈이었다. 외유내강外柔內剛도 아니고 내유외강內柔外剛도 아니라는 것을 깨달았다. 다만 몸도 마음도 허약해진 지하철 공짜로 타는 노령의 늙은이라는 생각만이 가슴을 찡하게 울렸다.

동료들의 위로를 받으며 늦게까지 자리를 함께하다가 하루 종일 집에서 걱정했을 아내를 생각하며 집에 돌아온 시각은 밤 10시였다. 밤 10시 반이 넘어서야 탑승했다는 연락을 받고 잠자리에 들 수 있었지만 오늘 하루 12시간의 노심초사했던 결과로는 참으로 다행한 일이고 '잘 될 거야'라는 긍정의 힘이 암흑 같은 근심을 털어냈다는 생각을 하면서 국력國力이 얼마나 지대하고 위기에서 가족의 힘이 얼마나 큰지를 느끼는 두 번 다시 있어서는 안 될 사건의 기록을 남겨본다.

태산준령을 넘어서

이야기 하나- 친구의 배신

97년 가을은 유난히 쓸쓸했다. 조석으로 부는 바람이 쌀쌀해지는 가을이라서가 아니었다. 산야의 단풍은 예년이나 다를 바 없었지만, 마음은 조급하고 불안했다.

IMF가 온다는 소문에 민심이 흉흉해지는 가운데 건물주인 친구가 내게 제안을 해왔다. 자신이 건물을 제공할 터이니 시설과 운영은 네가 맡아서 해보라는 것이었다. 마음은 썩 내키지 않았지만 빌려준 금전도 있고 해서 새로운 일자리인 헬스장의 개업식을 성대하게 치렀다.

꿈과 희망을 안고 나의 모든 역량을 쏟아 부은 영원한 사업장이기를 기대하며 한껏 부푼 마음으로 출정을 하게 되었다.

내가 세 들어간 그 건물은 신축 시작부터 주민들에게 많은 관심과 주목을 받았던 건물이었다. 주택이 밀집한 목 좋은 자리에 사우나 시설이 생긴다하여 모두가 환영 일색이었다. 하지만 지하층의 사우나 시설을 제외한 나머지 2·3층은 전세를 찾는 이가 없어 비어있는 상황이 계속되었다.

예전에 잠깐 운영해본 경험이 있었으니 그냥 그러자고 했다. 사실 나는 이미 그 친구에게 여러 차례 건축자금을 빌려준 상태이고 자금이 모자란다면서 반환하지 않은 터라서 고민하던 중이었다. 2층의 절반이던 실 평수 약 200여 평에 시설을 시작하려니 자금이 있을 리 만무했다. 은행을 통해 집을 담보하여 버는 대로 갚아나가는 마이너스 통장 대출로 1억 원을 빌렸다. 그때는 엄청난 대출이었다.

며칠 동안 시설을 하다 보니 이렇게 많은 돈을 들여 친구와 동업을 하다 우정에 금이 갈까 하는 우려가 생겨 차라리 나 혼자 운영하는 게 낫겠다는 생각으로 아내와 상의하여 단독으로 운영하는 것으로 결론을 내렸다. 보증금은 1억5천만 원을 책정하였으나 우선 1억 원을 주고 모자라는 부분은 월세를 더 내는 조건으로 계약을 체결하였다.

IMF가 왔던 해에 2억8천만 원이란 큰돈을 들여 최고의 시설을 마치고 시월 말경에 오픈을 했다. 주민들의 반응이 아주 뜨거웠다. 매일 밀려오는 회원들로 클럽 안은 활기가 넘쳐났다. 나는 돈이 들어오는 대로 은행으로 달려가 마이너스 통장을 채워 나가면서 아주 적절한 발상임을 뿌듯하게 생각했다.

그러나 기쁨도 잠시 개업한 지 한 달 만에 청천병력 같은 부도 사실을 통보해 왔다. 초등학교 동창생이던 건물주인 친구가 건물을 신축한 지 불과 두 달 만에 부도를 냈다. 그것도 아주 태연스럽게 말했다. 죽마고우인 친구의 배신감에 울분을 토해 가면서 방법을 모색해 보았지만 이미 담보 가치 있는 집과 건물에는 가등기와 새롭게 대출받은 금액으로 등기부는 더 이상 효력을 발생할 수 없는 상태가 되어버린 뒤였다. 좌절감과 자괴감이 나를 괴롭히고 울렸다.

부도 자체도 고의성이 다분하였지만 그보다 더 배신감을 느끼는 것은 한 푼의 월세라도 줄이기 위해서 5천만 원이란 돈을 IMF 직전에 어렵게 마련하여 주었는데도 그 친구는 아무렇지 않게 받아 챙기면서 말 한마디 얼굴색 하나 변하지 않는 비인간적이고 기만적인 행위를 내게 보였다.

건물주 친구와는 동창생이면서 아주 가까운 거리에서 생활하며 자주 만나서 음식을 나눠 먹는 사이였다. 원래 성격이 침착하고 매사에 철저하다는 평을 들으며 많은 사람들에게 선망의 대상이기도 하였지만 나는 고향 친구였기에 믿을 수밖에 없었다. 사람을 믿고 친구를 믿는다는 건 내게는 지극히 당연한 생각이었다.

큰 아이인 여식이 대학을 가고, 작은 아이가 고3 학생이었던 나로서는 모든 계획과 목표가 물거품이 되었다. 실망감과 울분을 달래기 위해 나는 며칠을 술과 방황으로 일관했다. 자식들한테 만은 절대로 가난과 저학력을 유산으로 물려줄 수는 없다고 이를 악물고 고향인 칠갑산 오지에서 봇짐 하나 챙겨들고 올라와 힘겹게 일궈온 꿈과 희망이 하루아침에 날아가 버렸다. 그것도 죽마고우竹馬故友였던 친구한테 철저하게 배신을 당했다는 생각이 들 때면 눈앞이 깜깜했다. 더구나 고의적 부도라는 의심의 증거들이 속속 드러났기 때문에 울분과 실망은 더욱 컸다. 그런데도 그 친구는 사후 처리조차 제대로 하지 않고 기만과 변명으로 일관하며 전혀 담보가치도 없는 그 건물에 전세권을 설정해 주는 걸로 면죄부를 받으려는 계속된 술수를 보였다.

부도가 난 후부터 경매까지 2년여를 끌어왔지만, 경매 절차가 끝이 나면서 총 투자비 2억8천만 원 중 단돈 700만 원만을 받고 쫓겨나던 날은 유난히도 차가운 눈보라가 몰아쳤다. 날리는 눈보라가 내 돈으로 보일 만큼 내 눈에 안개가 자욱하더니 결국 내 몸에 이상 징후가 보이기 시작했다.

이야기 둘 – 소리 없는 병 '사구체 신염'

부도를 맞고 IMF가 왔던 1998년도 새해 아침은 국가나 가정이나 실업자는 넘쳐나고 부도로 인하여 빚은 늘어나고 노숙자까지 생겨나는 참담한 새해 아침이었다. 그렇지만 삶을 포기할 수는 없는 노릇이었기에 새해 아침부터 나는 클럽 안을 돌아보며 새로운 돌파구를 마련해야 하는 상념에 골몰했다. 특별한 방법이 없었다.

그러던 닷새 후 온몸에 두드러기가 생기면서 가려움증과 온몸이 붓는 증상으로 한숨도 못 자는 현상이 나타났다. 대학병원의 진단결과 난생 처음 들어보는 신장병의 일종인 '사구체 신염'이라는 병명의 진단을 받았다. 구체적인 증상은 그때는 너무 심해 아예 소변이 안 나오고 일반 정상인의 단백뇨 배출량보다 1000배 가까이 나오는 아주 심각한 상황이있다. 병원에서조차 당황하여 나의 치료에 대한 의사들의 회의가 계속되었다.

대학병원의 특실에 입원하여 집중 치료를 3주 정도 받았는데, 그중에서 1주 정도는 고육지책으로 항암 치료까지 해가며 증상을 완화시키려는 노력을 계속했다. 약물로 소변을 배출해야만 했고 한 병에 10만 원정도 가는 '알부민'이라는 약을 초기에는 하루 두 병씩 주입하며 증상을 잡아나갔다.

그 당시 특실 입원비는 하루에 20만 원이나 되었다. 3주 후 퇴원은 하였으나 집에서의 약물치료와 식사 요법은 실로 눈물겨울 정도였다. 오죽하면 아내와 함께 관악산에 가서 유언 아닌 유언으로 사후를 논의하며 둘은 한없이 울기도 했었다.

고향의 죽마고우들을 집으로 초대하여 음식을 나눠 먹으며 인생의 허무를 달래기도 하였고 모든 음식에 소금간이라고는 단 한 톨도 넣지 않은 아주 완전 무간 상태로의 식단이 그 후 1년여 동안 계속되었다.

고향 시골에는 칠순을 넘긴 어머니께서 혼자 사시면서 아들의 병이 완치되기를 하루도 거르지 않고 기원하며 새벽기도를 다니셨다. 모든 음식을 내 입맛에 맞추어 만들어 주셨고 당신은 식사 한번 제대로 드시지 못했다. 오직 자식의 병만을 위해 정성을 다하셨다. 그렇게 3년여를 보내는 동안 나의 병은 현저하게 좋아졌는데 비해 이번에는 어머니의 몸에 이상이 발견되었다. 대학병원에서 진찰을 받았으나 어머니의 병은 이미 위암 말기로 진단되었고 더 이상의 치료방법이 없다는 절망적인 소견을 내게 전했다. 오직 아들만을 위해 자신의 몸을 혹사하시고 병까지 얻었지만 어머니는 한 번도 내색하지 않으셨다. 서울로 모시고 와서 위 절제 수술을 하였으나 손도 못 대고 다시 봉합하고 말았다. 수술이 잘 됐냐고 물으시는 어머님의 눈에 생의 회한이 한 줄기 눈물로 흘러내렸다. 그러나 언제까지 수술에 대한 결과를 속일 수가 없었다. 어느 날 사실을 어렵게 말씀드렸는데 어머니께서는 담담한 마음으로 들으셨다. 이미 병이 있었음도 불가능하다는 사실도 다 알고 계셨던 것이었다.

결국 한 줌의 살마저 빼앗아 가고 어머니께서는 유난히도 춥고 눈비가 내려 길이 꽁꽁 얼어붙은 2004년 1월 15일 향년 74세로 세상을 떠나셨다. 자식의 병을 대신 지고 떠나시는 어머니의 영전에 목이 터져라 울었다. 아무리 울어도 속이 풀리지 않았다.

그때 발병한 신장병(사구체 신염)은 지금까지 15년을 지나 20년의 긴 세월을 소리 없는 고통으로 다가와 불안과 조바심은 물론 모든 활동까지도 제약을 받고 있다.

몇 년 전 매스컴에서 연예인과 운동선수 일부가 군 면제를 위해 '사구체 신염'이라는 진단을 받고 병역을 기피하려다 발각되었다는 보도를 들었다.

그 병을 앓고 있는 나로서는 기가 막힐 노릇이고 한심한 발상임을 안타까워했던 적이 있었다. 참으로 이 병의 실체를 정말 모른다는 생각이 들었다. 병의 실체를 알았다면 과연 그들이 이런 병을 핑계 삼지는 않았으리란 생각이 든다. 고의로 병을 만들어 병역을 기피하려는 것이나 고의로 부도를 내고 돈을 챙겨 다른 지역에서 멀쩡하게 떵떵거리며 세상을 비웃듯이 살아가는 작금의 현실이 안타깝다. 더 이상 이런 부정이 정의를 이기는 기형적인 사회가 존재하지 않았으면 하는 바람이다.

하면 된다는 신념 하나로 늦은 나이에 대학의 문예창작과를 나와 글 쓰는 할아버지가 되었지만 유리하다고 교만하지 않고 불리하다고 비굴하지 않는 삶을 살아가야겠다는 새로운 각오를 했다.

작년에 환갑을 넘기고 아들 딸 남매를 모두 출가시켜 손주들까지 둔 할아버지로서 가족의 행복을 빌며 남을 배려하고 나누는 정의로운 사회, 건전한 사고思考와 신뢰가 바탕이 되는 아름다운 세상이 오기를 바라마지 않는다.

중환자실

뚜 뚜 뚜- 삐 삐- 삑-
달빛이 서럽게 우는 소리
창틈을 비집고 들어오는 검은 그림자
이곳저곳 두리번거리며 앉을 자리를 찾는다

새벽녘 보라매 병동 중환자실은 이미 깨어진 허공
문명의 기계음 소리 간극은 멀어져 가는데
하얀 눈금의 파장을 움켜잡은 채
놓아야 할 세속의 업보를 놓지 못한다

무게를 알 수 없는 까만 숯덩이 한 움큼
가슴에 품고 사는 동안 내색 한 번 안하시더니
회색빛 한숨 내쉬면서 "다 내가 안고 갈겨"
세월과 줄다리기하며 지탱해 온 엄니의 하얀 손등

시퍼런 혈관의 마지막 절규가 끝이 나던 새벽
자식 걱정 품에 안고 천사들의 찬송가 소리 따라
가시나무새 되어 날아오르는 얼어붙은 허공은
설한의 바람에 삭정가지 꺾이는 소리에 크게 놀란다.

-2014년 1월 21일 새벽, 별세하신 어머니에 대한 사모 詩

* 1994년 시골 초가삼간 집에서 혼자 사시는 어머님을 위해
새로 지어드린 양옥집에서 손주들과 기쁨을 나누는 모습
(중앙에 계신 어머니와 왼쪽 필자의 아내)

엄니의 18번

새벽달이 문틈으로 얼굴을 내밀 때면
엄니는 새벽기도 응답이 좋다 하시며
제일 먼저 교회에 나가신다

당신의 안위는 돌아볼 여유도 없이
앉으나 서나 아픈 자식을 위한 기도뿐
찬송가를 신나게 부르시는 엄니의 18번은
'복의 근원 강림하사' 새 찬송가 28장이시다

엄니는 까맣게 타들어 가는 가슴을
혼자 견디시며 한숨 반 눈물 반으로
오직 자식 병의 완쾌를 위해
'복의 근원 강림하사'를 목 놓아 부르신다

자식의 고통까지 다 안고 떠나가신 지금
천국에서 쉬지 않고 실컷 부르실 엄니의 18번
오늘따라 더욱 듣고 싶다, 새벽달 지기 전에
'복의 근원 강림하사'를……

2부

상처받은 고향 방문

- 은행 한 됫박의 설움

진작부터 고향 집을 다녀오리라는 생각을 했었지만 차일피일하다가 하필 11월 첫째 주일 비 오는 날을 택해 아내와 함께 떠났다. 부모님이 계실 때보다는 애틋한 감정은 덜 할지라도 고향 가는 길은 언제나 즐거웠다. 고향 집은 어머니가 8년 전까지 사시던 집으로 18년 전에 초가삼간을 헐어내고, 당시는 파격적인 양옥집을 지어드렸다.

새집에서 십여 년을 사시다 돌아가신 후, 빈집으로 남아 있어 우리 부부는 가끔씩 내려가서 집주변에 무성하게 자란 잡초들을 제거하는 등, 대청소를 해 놓고, 동네 골목을 한 바퀴 돌며 옛날 어릴 적 추억을 아내에게 들려주며 고향의 정취를 한껏 맛보곤 했다. 그러다 가끔씩은 어른들이 모여 노는 마을 회관이나 정자亭子에 들러 다과나 음료를 사서 제공하기도 하며 출향인으로서 고향을 잊지 않으려는 마음에 나름의 노력을 해 왔었다.

비록 두 분께서는 안 계시지만 항상 부모님의 따뜻한 사랑을 기억하고 죽마고우竹馬故友들의 우정을 추억하며 이집 저집을 돌아다니며 인사를 하다 보면 마늘이며 양파며 혹은 콩 한 됫박을 주는 인심 좋은 고향이었다. 그러나 몇 년 전부터인가 이런 기류氣流가 서서히 사라지는 듯 했다. 세상이 많이 변했으니 시골인심인들 변하지 않았겠는가. 이런 생각이 들면서도 마음속으로는 늘 부정하고 싶은 충동에 머물러 있었다.

서울의 아파트에 살면서 느끼는 삭막함을 고향에서나마 상쇄相殺시키려는 측면도 있지만 내 고향만큼은 언제나 인심 좋은 고향으로 남기를 바라는 고향 사랑이 내 마음 속에 자리하고 있었다고나 해야 할 것이다.

서글픔이 있다고 한들 이것이 현실임을 어찌하겠는가? 그러나 어린 시절을 되돌아보면 가난 속에서도 분명 배려와 나눔의 시절이 있었다.

내 고향은 칠갑산 자락을 뒤에 업고 금강 줄기를 바라보는 천혜의 곡창지대인 충남 청양군 청남면 인양리라는 마을이다. 1962년대 이전만 해도 여름 장마 때만 되면 금강물의 범람氾濫으로 모든 작물이 초토화되어 가난의 궁핍에서 허덕이며 초근목피草根木皮까지는 아니더라도 고구마로 점심을 때우던 어린 시절이 비일비재非一非再했었다.

그런 바다 같기도 하고 호수 같았던 들녘이 금강의 제방 사업으로 옥토가 되면서 군내郡內에서 가장 쌀 수확량이 많은 동네로 거듭났고 지금은 영농의 발달로 비닐하우스를 이용한 특수 작물재배로 농가 소득이 연간 오천만 원 이상 되는 농가가 많다고 한다. 그러나 내가 느끼는 감정인지는 모르겠지만 소득과 인심과는 반비례된다는 생각을 갖게 하는 요인들이 곳곳에서 감지되었다.

풍부하지만 풍요롭지 못한 것 같다는 생각이다. 어렵게 객지 생활할 때 이웃과 삼겹살 파티를 하던 때와 지금의 현실과의 비교 또한 그런 예 중의 예라 하겠다.

종종 들리는 소문에 의하면 순박할 것만 같은 고향에서도 개인주의와 집단 이기주의로 바뀌는 형태의 상호 부작용들이 가끔 일어난다는 사실이다. 물론 어디에도 사람 사는 곳이라면 있을 수 있는 일이라고 치부해 버리곤 하지만, 이번 고향 방문에서 겪은 나의 충격은 무엇으로 설명해야 할지 엄두가 나질 않는다.

고향 집 앞 개울가에는 아버지께서 생전에 심어놓은 이십 년이나 되는 은행나무 한 그루가 떡 버티고 서 있다. 이맘때쯤이면 아름답게 물든 은행잎들과 은행들이 많이 열려 생전에 계시던 어머님께서는 은행을 주어 껍질을 벗기어 우리들에게 한 됫박씩 나누어 주시던 귀한 은행나무였지만 주인을 잃고 난 지금은 천덕꾸러기로 변해버렸다.

요즘은 도시나 시골이나 할 것 없이 흔하고 흔한 것이 은행나무라서 우리 집 은행나무도 예전처럼 그렇게 대접을 받지 못하고 무성한 가지를 잘리는 수난을 겪기도 했다. 가을이 되면 노란 단풍이 아름답기는 하지만 떨어지는 열매에서 풍기는 고약한 냄새는 두고두고 쉽게 사라지지 않을뿐더러 은행을 씻어 시장에 내다 팔아 본들 노력에 비해 돈이 되지 않는다는 점이 은행의 가치를 더욱 하락시키는 요인이 된 것이다. 그런데 요즘 민간요법으로 떨어진 은행을 주어다 꿀에 재워두었다 그 즙을 먹으면 기관지 천식이나 기침에 좋다는 소문이 돌아 작년부터 아내도 은행 즙을 만들어 먹곤 하는데 효과가 좋다면서 시골에 가서 은행이나 주워 와야겠다고 한 것이 이번 사건의 발단이 되었다.

시골에 도착해 보니 올해는 어쩐지 은행이 많이 열리지도 않았을뿐더러 덜 익어서 떨어진 게 없었다. 아내의 아쉬워하는 모습이 안타까워 전과 같이 동네 골목을 돌아다니다 보니 담 너머로 떨어진 은행이 좀 있어 아내에게 전화하니 비닐봉지 하나를 들고 달려왔다. 길바닥의 은행을 주워 담고 나는 집안으로 가서 한 됫박 얻을 요량으로 2년 후배이자 고향에서 농사도 많이 지어 부자 소리 듣는 집으로 들어갔다. 여러 마리의 개가 짖어 대는 바람에 무서워하는 아내에게 자신 있는 말투로, "괜찮아, 우리 후배이고 어릴 때 같이 놀기도 한 친구야."라고 의기양양하게 말하면서 들어섰다. 마침 후배가 집에 있어 악수를 하고 아내를 소개시키는 수인사를 나눴다.

"어쩐 일여?"
"어! 잘 지냈어? 은행 한 됫박만 주우면 안 될까?"
"은행? 안 되는디, 우리도 아직 한 번도 안 주섰는디."
"아니, 우리 은행이 안 익어서 온 김에 한 됫박만 약 하려고……"
"안 뎌, 우리도 한 번도 안 주섰다니까."

두어 번 되풀이 했지만, 그 친구는 난처한 표정도 아닌 냉랭하면서 당연하다는 말투로 거절하는 것이었다. 나는 아내의 얼굴을 쳐다보며 황당한 표정을 지으니 아내 역시 대수롭지 않게 생각했던 일이 난처하고 황당하게 다가온 것에 실소를 금치 못하고 멍하니 서 있었다.

아내에게 당당하던 나는 쥐구멍이라도 찾으려는 심정과 속에서 끓어오르는 분노와 실망감이 하늘을 노랗게 물들이고 있었다. 고향 가서 떨어진 은행 한 됫박 얻으려는 나의 행동이 귀중한 남의 재산을 탐했다는 논리로 성립될 수 있는지 나는 묻고 싶다.

지금까지 고향 사랑을 마음속에 담고 살아온 내가 잘못 알았던가. 변화에 무지하였단 말인가. 서서히 사라져가는 고향에 대한 그리움을 되살려 볼 기회마저 이번 고향 방문에서 잃어버린 나는 두고두고 잊히지 않을 충격이고 서운함으로 남을 수밖에 없었다.

다만 그것이 고향 사람들의 전부가 아니라고 말하면서 또한 아니기를 바라는 마음으로 상처받은 마음을 달래 보려 한다.

황금 정원

노랗게 익은 만삭의 달이 출렁이는 들녘
동무들과 뛰놀다 해지는 줄 모르고
환하게 밝은 가을 달빛에 취해
염소 들이는 것을 잊어버려 꾸중 듣던 그곳

질투와 소통의 공간이던 사랑방 같았던 쉼터
용산 고개의 그늘 아래 북적대던 묵은 추억들
마당에 피워 놓은 모깃불 속 생 쑥 타는 향기
지나가는 나그네 시장기를 면케 해주던 그곳

인심도 우정도 그대로 변하지 않기를 바라는 마음
세태와 문명이란 이름에 묻혀 찾아보기 힘든 추억들
이제는 아득히 멀고 긴 비밀 같은 이야기 주머니
큰 소리에도 놀라는 순진한 이야기들의 정원

산토끼 고라니가 자리다툼 하는 영혼의 쉼터
파란 구름이 쉬었다 가는 망루 아래 보금자리
내 안에 존재하는 뜨거운 열정과 눈물이 살아 숨 쉬고
금강의 풍경이 보이는 풍요로운 들녘 매운 고추의 고장 그곳.

항렬자行列字의 파괴

– 뜻있는 손자 이름 짓기

매년 연말연시 때만 되면 방송에서나 신문에서 새해의 12지간의 동물 띠에 대한 해석이 분분하다. 더구나 올해는 용띠해이면서 흑룡띠라 해서 각계의 유명인을 소개하기도 하고 출산율도 다른 해에 비하여 높다고 한다.

그러나 흑룡 띠, 백마 띠, 복 돼지띠가 어떻게 만들어지고 그것이 왜 좋은지는 확실하게 알 수는 없지만, 우리 집에는 흑룡 띠가 둘이나 된다. 우선 내가 평범한 용띠인 줄 알았는데, 흑룡 띠라는 것을 안 것은 올해 환갑을 맞아 비로소 알게 되었다.

작년에 결혼한 아들이 5월에 아들을 낳아 손자 녀석이 같은 용띠가 됐다. 그것도 음력으로 생일이 나보다 하루 빠르게 태어났다. 할아버지와 손자가 같은 흑룡 띠가 된 것이다. 그러다 보니 손자가 더욱 친밀감이 들고 예쁘게 느껴져, 이름도 잘 지어야 한다는 생각이 들었다. 새삼스레 작명에 관한 책을 새로 사서 정성을 다해 좋은 이름을 찾았다. 아들 딸 이름을 아버지인 내가 지어줬으니 당연히 손자 이름까지도 내가 지어줘야 한다는 사명감과 자신감에서다. 며칠을 뒤적거려 봤지만 마음에 썩 드는 이름을 짓지 못했다. 고전을 좀 읽었다고는 하나 옛날 훈장님 이름 짓는데 어깨 너머로 보고 작명 책

조금 읽은 게 나의 지식 전부였으니 그럴 만도 하겠지만.

하여! 국문학을 전공하시고 고전에 대한 지식 폭이 넓으신, 내가 다니고 있는 학교 교수님께 부탁을 드렸다. 교수님께는 당연히 돌림자인 병炳자를 넣어서 지어주실 것을 부탁했다. 병민炳旼과 병언炳彦이라는 두 가지 이름을 지어 주셨다. 처음부터 '병' 자 돌림자를 별로 탐탁하게 생각하지 않았던 아내는 '병민'이라는 이름이 그래도 괜찮다고 했다.

두 이름을 아들에게 갖다 주고 생각해 보라고 하였지만, 아들은 돌림자에 대한 이름을 받아드리려 하지 않았다. 우선 그 이름을 컴퓨터에 넣어서 풀이를 해 보니 몇 가지가 안 맞는다고 했다. 작명 프로그램 앱을 사서 컴퓨터에 깔고 그것으로 작명을 하는 것이었다.

작명의 대가라고 하시는 '전광'이라는 분의 셀프 작명 책에 이런 글이 있다. '오늘날 이름 학은 확립된 이론이 아니라 이러저러한 가설hypothesis이다. 그러나 가설hypothesis이란 것도 신선한 경지를 열어 주면서 현실적으로 설득력이 있어야 한다.'라고 쓰여 있었다.

요즈음은 작명作名과 개명改名에 대한 관심이 아주 높다. 누구든 마음에 들지 않으면 이름을 고칠 수 있는 제도가 되어 있기 때문이기도 하지만, 이름풀이가 나쁘다는 이유보다는 외형으로 드러나는 훈과 음이 촌스럽다는 이유가 훨씬 많은 것이 현실이다. 개명에 있어서는 대체로 여성들이 많은데 이것은 항렬자, 즉 돌림자를 써야 된다는 제약이 없기 때문이기도 하다.

항렬자行列字란 한 집안에서 같은 대에 태어난 자손들이 이름자에 공통으로 쓰는 동일한 글자이다. 선조들이 항렬자를 지을 때 오행상

생의 순서로 진행하는 것과 '갑' '을' '병' 등 10간 기준으로 진행한다고 한다. 이런 이유를 차치하고서라도 돌림자는 많지 않은 집안이나 형제들에게 결속의 의미와 사라져 가는 가족관계의 끈끈한 정을 연결해주는 울타리 같다는 생각을 갖게 하는 역할을 한다고 보는 것이 내 생각이다. 꼭 돌림자를 써야 하는 필요성과 안 써야 하는 이유는 특별치 않다. 다만 좋은 이름이나 개성 있는 이름 등을 원하고 있고 인구 증가에 따라 같은 이름을 피하고자 하는 게 이유라면 큰 이유가 될 것이다.

아들은 손자 이름을 '민준'이라 지어왔다. 그러나 여기에도 문제는 있다. 왜냐하면 2006년 대법원 통계로 볼 때 '민준'이라는 이름을 등록한 사람이 2000명을 넘는다고 하며 우리나라에서 가장 많은 이름 역시 '민준'인데 무려 2500명이라고 한다. 그렇다면 '민준'이란 이름이 그렇게 해석이 좋아서일까 하는 의문이 든다. 세련되고 부르기 편해서 지어진 이름은 아닐는지?

위와 같은 사실로 사양하고 돌림자를 택하는 것이 그래도 괜찮을 것 같았지만, 아들이 컴퓨터 프로그램에서 찾아낸 아주 좋다는 이름은 결국 '전민준'이었다.

지금까지 지켜온 항렬자行列字가 손자 대代에서 끊기게 되었다는 사실이 너무 안타까웠다. 항렬자 또한 우리 사회의 오랜 전통이 아닌가 하는 마음에 여전히 아쉬움으로 남는다. 더욱이 전국을 통틀어 1만도 안 되는 남양 전 씨이기에 정체성이란 의미에서도 더더욱 아쉬움이 남는다.

이와 같은 사실로 나는 '민준'이라는 손자 이름이 부르기가 좀 어색하기도 하고 처음에는 아쉽기도 했다. 그러나 아들이 좋아하고 아들이 지어온 이름인데 이제는 내가 내려놓아야 할 차례이다. '나의 욕심을 거두어야 할 때다'라고 생각하며 따르기로 했다. 그것은 아들을 낳은 아버지의 고유 권한이고 뜻이 그러하니 내가 이해하고 손자를 위해 열심히 불러야 하지 않겠는가라고 말이다.

모든 일은 마음먹기에 달렸다고 하지 않는가, 하면서 흔쾌히 받아들이는 마음으로 출생신고를 하였다. '민준'이란 이름을 진심으로 사랑하는 마음으로 많이많이 불러 친숙해지고자 한다. 또한 건강하고 원만한 인격체로 잘 성장하여 세상에 나와서 가장 많이 불러지는 이름이 되어 명성 높은 유명인이 되기를 바라는 마음 간절하다.

이만큼 고심하여 지은 이름이니 부디 민준이 앞날에 광영이 있기를 기원해 본다. 그러고 보니 '민준이 할아버지'라는 다정한 이름이 내게 또 하나 생겼다. 참으로 기쁘지 아니한가?

백일 찬가

햇살이 익어가는 임진년 오월 마지막 날
빠끔히 비집고 얼굴을 내밀었던 붉은 입술
장부의 탄생을 알리는 우렁찬 울음소리
귓전에 들리는 듯한데

백날을 지내온 손자의 맑고 환한 눈인사는
보면 볼수록 깊이를 알 수 없는 바다 같고
들으면 들을수록 옹알대는 말의 성찬은
할아비 가슴에 진한 파문을 일으키네

작게 태어났지만 크게 되려는 동작 하나하나에는
은하수 선율의 오케스트라 지휘자인 듯하니
오늘 부르는 백일 찬가가 백 년으로 이어지기를 비는
나의 줄기 나의 영혼 찬란한 그 이름 손자 민준 이라네.

예봄이 첫돌 축원의 글

싸한 겨울바람이 마지막 몸부림을 치던 2011년 2월 5일!

생명의 물관을 움켜잡고 세상 빛의 초대에 응하기 위해 붉은 비단을 온몸에 두른 채 긴 한숨을 토해내며 환희를 알리던 날이 엊그제 같은데 벌써 네가 첫돌을 맞이한다 하니 정말 기쁘기 한량없구나!

총명하고 예쁜 너를 낳고 기르시는 아빠 김창희와 엄마 전현진의 수고로움을 격려하고 너의 첫돌을 축하하기 위해 양가 가족은 물론 참석해 주신 일가친척 내빈 모든 분들과 이 기쁨을 함께 하며 감사의 축배를 들어 아름답고 총명한 너에게 희망의 꽃을 올리려는 축하의 찬가를 부르려 하노라!

성서에 '못된 열매 맺는 좋은 나무 없고, 좋은 열매 맺는 나쁜 나무 없다'라는 말씀처럼 너는 아빠 엄마의 심성을 닮아 착하고 총명하게 탄생하여 부모는 물론 양가 가족에게도 크나큰 기쁨을 주었으니 어찌 아름답다 아니하겠느냐!

너는 참으로 어여쁘고 어여쁘도다. 너의 머리는 검게 윤이 나고 명석하며 너의 눈은 맑고 영롱하며 너의 손은 봄에 피어나는 고사리 같고 너의 얼굴과 온몸은 우유에 씻은 듯 희고 매끄럽고 너의 다리는 순금 받침에 세운 화반석 기둥같이 튼튼하여 1년이 안 되어서부터 혼자 걸어 다니고 잠자고 나서 절대 울지 않는 미소 공주가 되어 항상 부모를 기쁘게 하였구나!

너를 만나고 헤어질 때 너의 눈망울은 차마 보기 민망하리만큼 이슬 맺힌 꽃잎처럼 가냘프고 애잔하였으니 너와 작별하는 순간은 항상 가슴이 찡하였구나!

너의 취미는 다양하여 특히 곰돌이를 좋아하고 언제나 책장 넘기는 일을 게을리 하지 않고 즐겨하고 있으니 어찌 너의 부모의 심성과 행실이 다르다 하겠느냐.

모태 신앙으로 태어난 너는 분명 주님의 권능과 지혜를 닮아서 네가 가는 곳마다 너를 기다리는 사람들로 차고 넘칠 것이며 신체적으로 온전하게 성장하고 영적으로 지혜가 충만하여 부모의 지성과 하나님의 영성을 배우고 익혀 섬기고 봉사하는 자가 될 것이며 부모의 노후를 공경하는 효도는 물론 글로벌 시대의 유명한 세계인이 될 것이며 또한 언행이 반듯하고 지식이 풍성하여 세상 모든 이에게 사랑과 총애를 한 몸에 받는 귀한 네가 될 것으로 믿으며 또한 가난한 자에게 베푸는 수호천사처럼 사람들의 칭송이 차고 넘치는 예봄이 네가 될 것을 믿으며 축하하고 하나님께 기원하노라!

미소가 아름다운 예봄이 네가 성장하여 건전하게 훌륭한 사람이 되는 날, 너는 매사에 신중하여 경솔하지 말 것이며 자신을 말할 때는 자신감을 갖고 말하되 남의 말을 들을 때는 차분하게 들어주는 교양 있고 매력이 넘치는 인성과 품성을 겸비한 해박한 사람이 될 것을 간절히 바라노라. 또한 후일에 오늘을 기억하고 이 글을 볼 때 얼마나 많은 사람들이 너를 향해 사랑을 주었는지를 알게 될 것이며 온전하고 고귀한 예봄이로 커서 세상을 밝히는 등불이 되기를 바라는 간절한 마음을 담은 첫돌의 축하를 함께 하였도다!

- 2012년 2월 5일 예봄이 첫돌을 맞아 축원의 글을 외할아버지가 쓰다.

* 2004년 한국 불교 문화원 주최, 대한민국 서화 대전 특선상 수상

보석 같은 선물

– 할아버지 할머니 이름표

미리 오는 봄을 예봄이라 부르지
덜 깬 겨울의 잔설이 떠나기 싫어
눈물을 뚝뚝 흘리는 2월 초
소프라노의 가냘픈 곡조가 햇살에 부딪치며
좁은 골목길로 들어선다

남쪽에서 달려온 훈풍은 언덕을 넘어
몸통에 주렁주렁 달고 창문을 비집고
수줍은 듯 소포 하나 건네고 달아난다

이름도 별명도 아닌 두 장의 이름표
한 번도 들어보지 못한 그 이름 그 느낌
아무에게나 불리지 않는 숭고한 그 이름

꽃샘의 찬바람도 잠재워버린 보석 같은 선물
가슴 옥죄며 기다리고 기다렸던 탄생의 환희
뜨거운 가슴으로 맞이하는 다정한 이름표
처음 들어보는 그 이름 할아버지 할머니라네.

민준이 첫돌 축원의 글

봄 향기에 취한 형형색색의 선율이 우단보다도 부드러운 봄.

구김살 없는 햇빛에 연둣빛 푸름이 몽실몽실 익어가는 오월에 세상 빛이 그리워 예정일을 보름이나 앞당겨 2.8킬로그램의 작은 몸짓으로 허공을 가르며 "알콩이가 왔노라!" 소리 높여 알리던 날이 엊그제 같은데 벌써 첫돌을 맞이한다니 정말 기쁘기 한량없구나!

오늘 첫돌을 맞은 민준아!

너와 우리 가족에게 축복을 내려준 하나님께 감사드리고 너를 사랑하는 모든 분들께 감사드리며 또한 너를 낳고 기르시는 아빠 전성식과 엄마 이지나의 수고로움을 격려하고 너의 앞날의 행운과 소망이 가득하기를 여기 모인 많은 가족 친지들이 기원하며 축하를 보내노라!

민준이 네가 태어났던 지난해 오월은 임진년 흑룡의 해로서 이 할아버지와는 아주 특별한 인연을 맺었구나. 그것도 육십 년 만에 돌아온다는 흑룡 띠에다 생월도 같은 달 하루 차이의 생일을 타고 났으니 어찌 특별한 인연이라 아니하겠느냐!

예부터 흑룡 띠에 출생한 자는 천부적인 재능으로 관찰력과 집중력 실천능력이 뛰어나 크게 성공한다 하였단다. 작게 태어났지만 지금껏 너는 큰 기상을 보여주면서 오늘에 이르렀으니 어찌 웅비를 말하지 않을 수 있으며 뚜렷한 이목구비와 착한 심성의 대견함을 칭송하지 않을 수 있겠느냐!

민준이 너는 태어나면서부터 티 없이 맑게 빛나는 눈동자 위에 반석처럼 잘 다듬어진 이마를 가졌으며, 우윳빛 피부에 장부의 기상을 나타내는 장엄한 코와 크지도 작지도 않은 복스러운 입에 오동통한 입술과 튼튼한 다리는 그야말로 천상천하에 둘도 없는 표상이라 함이 마땅하다 할 것이로구나!

한 달째부터 눈을 맞추고 의미심장한 미소를 지었으며, 5개월째부터는 낯가림으로 할아버지를 서운케 하고 옹알이를 하더니 6개월째부터는 한두 번 본 사람을 기억하였으며 TV를 켜고 끄는 것은 식은 죽 먹기처럼 수월하게 달인의 경지에 이르렀었단다. 10개월이 되어 걸음마를 하였으며 밥상에 올라가는 것을 최고의 재미로 삼았으니 이것이 바로 용상이 아니겠느냐!

잠자는 시간 외에는 누워 있거나 앉아 있지 않는 부지런함과 하고자 하는 것을 말려도 울지 않고 다른 것을 찾아 즐기는 지혜로움과 앙증맞은 걸음걸이로 눈웃음치며 안길 듯하다 돌아서고 돌아섰다 다시 와 안기는 장난스런 너의 영특한 모습을 보는 날이면 너의 부모

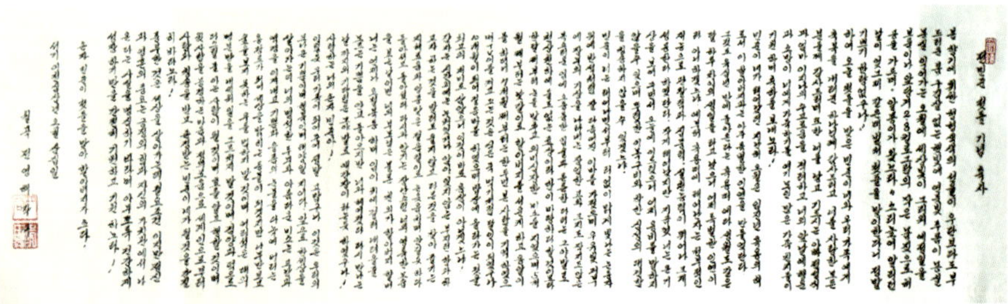

님은 물론 친 외가 할아버지 할머니는 언제나 요절복통하며 입이 귀에 걸려 내려올 줄 모르는 기쁨을 안고 돌아오고는 했다. 너와 헤어졌다 다시 만나는 날까지의 기다림은 그야말로 애간장이 다 녹아내리는 듯하였단다.

사랑하는 나의 손자 민준아!

이렇듯 네가 우리 가족 나의 손자가 되어 주어 정말 고맙구나! 우리의 크나큰 기쁨이며 행복이며 희망일지어다.

앞으로 한 세상을 살아가는데 너의 명석한 두뇌와 아름다운 미소는 고난과 역경을 이겨내고 기쁨과 슬픔의 눈물을 다 녹여 버리는 용광로가 되어 이 세상을 밝히는 등불이 되길 바란다!

하지만 나무만 보고 숲을 보지 못하는 우를 범하지 말 것이며 어리석은 대의명분만을 내세워 일을 그르치지 말 것이며 겸양과 덕으로 다스릴 줄 아는 사람이 될 것이며 효를 알고 행할 것이며 윗시람을 공경하는 마음과 정의로움으로 세계인으로부터 사랑과 칭송을 받고 존경받는 민준이 너로 성장하기를 간절히 바라노라!

풍부한 것은 세상을 살아가는데 필요조건이겠지만 정신과 영혼의 풍요는 긍정의 힘과 과욕을 부리지 않는 자신의 가치관에서 나온다는 것을 명심하기 바라며 아무쪼록 건강하게 성장하기를 간절히 기원하고 기원하노라!

- 2013년 5월 30일 민준, 첫돌 축원의 글을 할아버지가 쓰다.

낯설게 하기의 진수

보면 보는 대로 들으면 듣는 대로
네 살배기 그 녀석이 내뱉는 보석 같은 날말들
내 귀에는 한 편의 시 낯설게 하기의 진수라네
쉴 새 없이 뿜어내는 창작의 저 방언들

앉으면 목말을 타고 누우면 옆구리에 올라
경마를 즐기는 그 녀석의 장난기에
나는 얼굴 한번 똑바로 쳐다보지 못하고
찬란한 고통을 참는 일그러진 영웅이 된다네

미안함을 아는지 마술 같은 말 한마디
"참 좋은 할아버지야"!
맑고 고운 그 목소리에 저린 옆구리 갈비뼈가
거드름을 피우며 헛기침으로 마음을 달래네

작별을 아쉬워하며 보내는 그윽한 눈빛
할아비의 시린 가슴을 진홍빛으로 물들이고
손자가 뿌려댄 수많은 방언들을 주섬주섬 한데 묶어
시 한 줄 써놓으면 오늘 밤은 제대로 잠 한번 잘 자보겠네.

예람이 첫돌 축원의 글

봄이 오는 길목에서 우주의 신비를 속삭이며 피어나는 한 송이 꽃처럼 밝고 순진무구한 예람아! 네가 세상 빛을 보기 위해 가냘픈 울음으로 가족임을 알리던 날이 엊그제 같은데 벌써 일 년이 되었구나!

하여 너의 첫돌을 축하해 주기 위해 너의 부모님이신 아빠 김창희와 엄마 전현진이 이렇게 소박한 자리를 마련하여 너를 사랑하는 양가 가족들을 모신 가운데 축하의 찬가와 염원을 보내니 이 찬미의 소리를 듣고 건강하고 지혜롭게 무럭무럭 자라기를 다 함께 기원하노라!

너는 용케도 너의 부모님의 결혼기념일과 엄마의 생일과 예봄 언니의 생일이 들어있는 2월을 비켜 가지 않고 언니의 생일을 앞서지도 않고 엄마의 생일과 너의 부모님 결혼기념일의 중간에 자리 잡는 묘한 한수 2월 19일을 선택하여 태어났으니 그 얼마나 기특하고 신통하단 말이더냐!

어느 쪽으로도 기울지 않는 중심에선 너는 처음 알리던 울음소리 외에는 크게 울어 부모를 애타게 하지 않았으며 언제나 빙그레한 웃음으로 기쁨을 주었고, 너의 가냘프고 여린 눈매에도 반듯한 이마와 짱구 같은 뒤통수를 보면서 "어이 그놈 남자 같이 잘 생겼네." 하고 말할 때면 너는 천생 여자의 수줍음을 나타내며 눈길마저 주지 않고 엄마 품속으로 숨어 버리는 예람이 너는 낯가림으로 사람 마음을 끌어당기는 묘한 매력을 지닌 볼수록 사랑스럽고 귀여운 손녀이구나!

발을 잘 가지고 노는 특성이 있어 장난감이 많이 필요치 않았고 말을 배우려고 암호 같은 얘기를 혼자 중얼거릴 때, 너의 맑은 눈동자를 보면 뜻이 통하는 신비로움을 간직했단다. 또 예봄이 언니의 강렬한 포옹에 숨이 막힐 지경에도 너는 언니의 뜨거운 사랑임을 알고 울음을 참으며 가쁜 숨을 들이쉬며 그윽한 눈빛으로 언니를 바라보는 너는 속 깊고 느긋한 심성을 지닌 인내심 많은 동생이었고 손녀이었느니라!

'될성부른 나무는 떡잎부터 알아본다.'는 말처럼 장차 범상치 않은 인물로 이 세상에서 가장 필요한 소금과 빛의 역할을 감당할 큰 인물이 될 것이라 믿어 의심치 않기에 너를 사랑하는 모든 사람들의 소망으로 이루어질 수 있는 하나님의 축복이 가득하기를 간절히 기도하며 바라노라!

그런 예람이 네가 태어난 2014년 2월은 특별하게도 세계에서도 드물고 우리나라에서는 최초의 여성 대통령이 당선되어 취임 첫돌을 맞은 해이었고 달이었느니라. 이 또한 얼마나 큰 경사이더냐!

앞으로 네가 살아갈 21세기는 남녀 편견 없는 평등한 사회가 열릴 것이며 노력과 능력만 있으면 자신이 좋아하는 무엇이든 이룰 수 있는 열린사회가 될 것이라 믿는다. 건강한 육체와 맑은 정신과 지혜로움 그러면서도 항상 겸손함을 잃지 않고 나눔과 채움이라는 의미를 되새기며 근면하고 정직하게 살아가기를 진정 바라는 마음 태산과 같으니라.

타인의 불행으로 내가 행복해지는 그런 행복은 진정한 행복이 아닐 것이며 타인의 불행을 나의 것으로 느낄 줄 알면서 모든 것을 사랑하고 존중하는 것만이 곧 행복의 조건이 될 것이라 믿는다.

별이 빛나기 위해서는 어둠이 필요한 것처럼 혼자만의 세상은 어디에도 없을 것이니 부모님의 사랑과 효도, 형제간의 우애와 친구 간의 우정이 한데 어우러질 때 비로소 너의 얼굴에 광채가 나고 늘 가슴이 평안해 질 것이라 믿는다!

실패했을 때 좌절하지 않고 일어설 수 있는 용기와 참과 거짓을 구분할 줄 알고 정의를 아는 참다운 인생을 살아가기를 우리 모두 간절히 기도하노라!

- 2015년 2월 19일 예람, 첫돌 축원의 글을 외할아버지가 쓰다.

수줍음의 천사

겨울밤을 깨우는 문풍지 소리
정갈한 화음으로 태어나는 별꽃의 아우성
공주는 외로워 혼자는 외로워
어깨동무 친구 어디 없나요

소리치며 덩실덩실 춤을 추며
그윽한 눈빛의 꽃나비가
우아한 미소 지으며
우리 집에 왔네 우리 가족 되었네

들릴 듯 말듯 수줍은 목소리
눈으로 말하는 속 깊은 애교 쟁이 예람이
언니에게 친구 되어 주고받는 사랑으로
진한 색깔과 향기로 웃음꽃 피우는 천사이어라.

차디찬 회한悔恨의 눈물

숲이 해체되고 대지는 결빙되어 마음까지 시린 정유년 2월 9일은 내 생애에서 가장 춥고 시린 날 중 하루였다. 따뜻한 봄의 향기를 성급하게 기다리던 소망도 지금껏 지켜온 나의 자존심도 허공중에 산산이 부서져 내린 하얀 슬픔의 시간이었다.

오지 중의 오지인 칠갑산 자락을 타고 내려오다 남쪽으로 이십여 리 길을 내려오면 금강이 맞닿아 제방을 사이에 두고 강과 평야를 이루는 곳 그곳이 바로 내가 태어나 꿈을 키우던 전형적인 농촌 마을인 나의 고향이다.

어렸을 적 50년대 후반쯤에는 강둑이 없어 장마철에는 누런 황토빛 강물이 그 넓은 들판을 집어삼키었다. 동네 앞까지 넘실대며 들판의 곡식이란 곡식을 송두리째 쓸어가 버리는 악순환에 매년 7, 8월의 식량 사정은 넉넉하지 못하여 배고픔의 상징인 보릿고개를 맛보고 자랄 수밖에 없었다.

그러나 그때는 가난한 시절이었지만 꿈이 있었고 희망이 있었다. 많은 추억들이 강둑을 쌓으면서 사라졌지만 이전만 해도 밭농사에서 각종 간식거리의 농산물을 수확할 수 있었다. 그러나 둑을 쌓은 이후부터는 절대농지인 논으로만 개간되다 보니 부자는 아니더라도 그럭저럭 밥은 굶지 않을 정도였다. 분가할 때 받아 나왔던 목숨 줄 같았던 논배미를 가내공업을 하자면서 접근한 지인의 꼬임에 넘어가 댓 마지기 논을 팔아먹고 천수답 서너 마지기만 한때 보유했었던 기억이 난다.

아버지와 함께 논 모퉁이에 구덩이를 파고 고인 물을 물자수라는 나무바가지 양쪽 끝에 끈을 달아 장단을 맞추며 퍼 올려야 하는데 손발이 안 맞는다고 야단깨나 맞았던 기억이 선하다.

강둑이 생기고 나서부터 들판은 옥토로 변해갔다. 황토물이 실어다 준 기름진 펄 덕분이었다. 아버지께서는 어떻게 했는지 그 넓은 들판 한가운데에 여덟 마지기라는 논을 또다시 장만하여 어깨가 으슥할 정도로 기분 좋은 농사일을 하시게 되었다.

봄부터 가을까지 들녘은 계절 따라 형형색색으로 바뀌어 가는 한 폭의 아름다운 수채화를 보는듯한 들녘이 되었다. 그런 들판에 6남매와 함께 아버지와 엄니가 여덟 마지기 논배미를 바라보며 만족하지는 않지만 그래도 우애 좋게 살아가는 집안으로 소문이 날 정도였다. 아버지의 자랑스러운 여덟 마지기 논배미는 아버지의 일터이면서 쉼터이고 우리 가족 6남매의 생명의 원천이기도 했다.

따뜻한 봄날이면 종달새와 숨바꼭질하며 쫓아다니던 철부지 어린 시절의 우리 논배미, 그곳에 가서 일이라도 할 때면 왜 그렇게나 길고 넓게 느껴졌었던지, 지금 와서 생각해 보면 망망대해의 조각배인 것을……. 그나마 아버지와 엄니의 근면함과 검소함의 결정체로 잘 가꾸어지고 다듬어진 우리 논배미는 아버지의 자부심이었고 나의 자랑이기도 했다.

내가 어렸을 때인 60년대만 하더라도 '農者天下之大本' 이라 하여 오로지 농사짓는 일을 으뜸으로 여겼었고 거기에다 많은 땅을 소유한 사람들이 예나 지금이나 부자 소리 듣던 때이다 보니 그 누구라도 논 한 마지기 더 사는 것이 평생의 목표이고 소원이었다.

'땅은 사람을 속이지 않는다.'라고 입버릇처럼 말씀하시면서 '한 섬지기 정도만 가지고 농사를 한번 지어 봤으면' 하시면서 꿈을 키워 오시던 아버지. 가난의 굴레를 벗어나려 발버둥 치던 사람이 어디 아버지 한 분 뿐이었겠는가. 하지만 한 마지기 논배미라도 더 장만하려는 사람들의 치열함 때문에 돈이 있어도 매물이 없어 살 수 없었던 아버지께서는 끝내 그 꿈을 이루지 못하시고 회갑을 맞이하시던 해에 짧은 생을 뒤로 하시고 홀연히 떠나가시었다.

지금 생각하면 나의 효孝가 부족했다는 생각을 하기에 이르러서는 죄스러운 마음에 아프고 짠한 마음 너무 크다. 30년의 세월이 흐른 지금도 여전히 땅의 존재 가치는 예나 지금이나 변하지 않는 진리로 남아 있다.

가난의 굴레를 벗어나 보려는 아버지와 엄니의 간절한 소망과 땀이 배어있는 질 좋은 논배미가 지금은 우리들 곁에서 한 발짝 뛰려는 순간이다. 평생을 살아오시면서 한 마지기 논배미라도 더 장만하고 싶었던 아버지의 간절한 소망을 기억하고 있는 나는 돈이 있으면 이루어져야 하는데도 나의 고향에서는 돈을 가지고도 논을 사기가 어려운 기현상이 지금도 여전하다.

그런데 6남매의 생명줄이었고 우리 가족의 전부였던 유일한 유산인 여덟 마지기 논배미가 슬픔에 찬 눈으로 나를 향해 아우성치며 이래서는 절대로 안 된다고 나를 내 버려두라고 소리치는 듯하다. 환청처럼 들리는 저 아우성을 짓밟아버리는 아픔을 안고 고향으로 달려갔다.

서울에서 두 시간 반이면 도착하는 가깝고도 먼 고향 길을 나는 혼자서 찬바람을 마주하며 우리 논의 새 주인이 될 친구와 만나기 위해 쏜살같이 꼬불꼬불한 옛길을 달려 내려왔다. 이름하여 대치고개 터널이 생기기 전만 해도 이 고개를 넘으려면 비행기를 탄 기분마저 들던 험난하고 높은 칠갑산자락의 고개였다. 숲길을 내려오면서 산 중턱에 자리 잡은 쉼터 입구에는 칠갑산의 백미라고 할 수 있는 '콩밭 매는 아낙네'의 동상이 세워져 있다. 찻집을 돌아 내려오면서 좋았던 시절을 떠올려 보지만 오늘은 낭만과 추억의 길이 아닌 슬픔에 찬 시간이고 종이 한 장의 기록으로 주인이 바뀌어 우리 가족을 떠나는 운명의 순간이 다가오는 것이다.

아버지께서 돌아가시고 14년 후 어머님마저 돌아가시고 난 뒤 나와 형제간들의 우애의 표상으로, 단 하나의 유산을 그래도 장남이신 형님께 드리기로 결정했던 기막힌 논배미였기에 마음은 더욱 무겁기만 하였다.

법무사 사무실로 들어서니 고향 죽마고우가 기다리고 있었다. 반가운 인사보다는 뭔가 어색한 분위기가 맴돌며 안부를 묻는다. 육십 평생을 넘게 살아오면서 가장 하기 싫은 일을 장남인 형님을 대신해서 내가 하고 있다는 생각을 하니 하늘에 계신 부모님께 얼굴을 어떻게 들어야 할지 죄송한 마음에 눈물이 앞을 가린다. 형님께서는 감성보다는 현실적 사고에 충실한 편이지만 한편으로는 오죽했으면 하는 측은한 생각마저 들었기에 동의하여 처리키로 했다. 험난한 삶의 질곡을 견디지 못하고 어머님이 돌아가신 지 불과 십여 년 남짓, 생명처럼 소중하게 지녀온 유산을 끝내 지켜내지 못하고 처분해야 했던 그날은 정말 기억하고 싶지 않은 치욕의 날이었다.

지나고 보니 이런저런 아쉬움이 있지만 이미 지나간 일, 차디찬 회한의 눈물만이 흩날리는 눈 속에서 함께 얼어붙는 잊히지 않는 날로 영원히 기억될 것이다.

유산

어둠침침 머리가 지근지근
혼자 웅크리고 앉아 어둠을 썰고 있다
고통보다 더 무서운 공포가 환청으로 다가온다

어버이 유산이라곤 달랑 육신 하나
달래고 어르면서 행여 살아날까 기다려봤지만
끝내 의리도 인정도 없이 무덤으로 떨어졌다

엄니가 실로 매어 이마를 탁! 치어 빼 주시던 이빨 하나
오복 중의 하나라고 아침저녁으로 치성齒誠을 드렸지만
영원히 지키지 못하고 망치질에 못질을 당했다

내 것을 내 맘대로 못하는 육신 버티고 버텨보지만
비틀대고 칭얼대던 어금니 하나 아픔으로 보냈는데
자연의 이치라고 변명하기엔 면목 없고 송구하기만 하다.

3부

고의가 아니었으면

축제의 그늘

멋과 맛의 남도기행

마음의 온도차

보길도

천당과 지옥의 경계

히말라야

작은 한가위

가배(추석)의 추억

똑같더라

푸른 종소리

외가(外家) 사랑

고의가 아니었으면

크나큰 행운을 몰고 온다는 흑룡 띠의 임진년 새해가 동해의 깊은 곳에서 용솟음치며 이 땅 위에 불쑥 다가선 지도 어느덧 이십여 일이나 지났지만 나무 끝에 매달리어 발버둥 치는 동장군은 시간에 쫓겨 힘을 잃고 비틀거리면서도 모퉁이에 기대어 서서 있는 힘을 다해 자리다툼하고 있는 아침이다.

설날이 오려면 아직 열흘이나 남았지만 매년 이맘때쯤이면 언제나 방송이나 신문에서는 앞 다투어 대목경기에 대한 많은 정보들을 쏟아 낸다.

올해도 어김없이 경기지표상으로는 엄청난 불경기라면서도 설 대목의 택배 물량이 폭주하니 미리미리 서둘러야 한다는 내용이 연일 반복되었다.

소비가 저조하여 큰 불황이라면서도 설 명절만큼은 누구한테나 지갑을 여는데 주저하지 않는가 보다. 그래서 그런지 일찌감치 우리 집에도 택배상자 하나가 도착했다.

아마도 지레 짐작하고 서둘러 보낸 것 같지만 너무 일찍이라서 의아하기도 하고 한편 기쁘기도 하여 우선 보낸 이를 확인해 보니 평소에 내가 좋아하고 함께하는 지인 중의 한 사람이었다.

해마다 몇몇 지인들과 조그만 선물을 주고받는 아주 자연스런 나눔을 이어 왔지만 오늘 받은 선물은 조금은 특별하다고나 해야 할 것이다. 왜냐하면 내가 만난 지 불과 2년밖에 되지 않는 같은 공동체의 회원이었기 때문이다. 쉽게 생각하면 상업적 수단으로도 받아들일 수 있는 위치에 있었지만 내가 알고 지내본 그 사람은 그렇게 믿고 싶지 않을 정도로 요즘 보기 드문 근사한 외모와 아주 전형적이면서 평면적 사고를 지닌 나보다 몇 살 아래인 동향의 후배였다. 언제나 잔잔한 미소와 겸양이 넘쳐나 보이는 매력의 소유자였기 때문에 더욱 그러했다.

선물 박스의 겉포장에는 '천혜의 자연환경의 제주도 특산품 한라봉' 이라 쓰여 있었다. 한라봉이라 하면 팔십 년대만 해도 제주도의 신혼 여행객들에게 가장 인기 있는 선물로 옥돔과 더불어 최고의 선물이었던 시절이 있었다.

지금도 많은 생산량에 비해 가격대가 꽤나 높은 편에 속하는 귀한 과일 중의 과일이며 아직도 인기 있는 과일이다. 그런 과일을 한 단 포장이 아닌 두 단 포장으로 된 30개들이 박스를 보내왔으니 여간한 정성이 아니었다. 다시 한 번 고마운 마음을 전해야겠다는 생각을 하면서 나는 박스 한쪽 구석을 뜯고 손을 밀어 넣어 한라봉 하나를 꺼냈다. 앞으로 남은 기간을 생각하여 확인하기 위해서였다.

그러나 이게 어찌 된 일인가. 내가 꺼낸 한라봉에는 예리한 칼로 자른 듯이 반쯤 갈라져 있었다. 분명 썩은 것 같지는 않았고 그렇다고 도중에 눌려서 찌그러진 것은 더욱 아닌 듯싶었다. 나는 대수롭지 않게 여기며 어쩌다 하나가 잘못 들어갔나 보다 하고 다시 하나를 꺼내보았다. 그러나 그 한라봉 역시 갈라져 있었다. 아내에게 이 사실을 알렸지만 아내 역시 무덤덤한 반응을 보였다. 거기다 아내도 잘 아는 지인이고 보니 더욱 믿기지 않았던 것이다.

그러나 그 뒤의 상황은 더욱 심각했다. 박스 안의 한라봉을 전부 확인해 보니 갈라지고 상처 나고 혹은 곪아 터진 것까지 합하여 모두 반 이상의 과일이 상품 가치는 물론 먹기조차 어려울 정도의 상태로 담겨져 있었다.

처음 있는 일이라서 우리 두 사람은 당황한 나머지 앞으로의 일에 고심하지 않을 수 없었다. '어찌 이런 일이 있을 수 있어?' 아무리 생각해도 어디서부터 잘못되었으며 누구의 잘못인지 도무지 짐작이 가지를 않았다.

기분 좋게 정성으로 특별히 보내준 선물인데 이런 일이 생기고 보니 참으로 난감한 처지가 되었다. 이 사실을 전해야 할지 그냥 이대로 적당히 먹고 말아야 할지 분명 보내준 지인도 몰랐을 터인데, 이런 사실을 알았을 때의 지인의 입장을 생각하면 그냥 모른 채 하고 넘어 가는 것이 어떨까 생각도 해 보았다. 하지만 아내는 단호하게 반대했다. 그와 같은 불량상품을 전달한 사람이나 더 나아가 생산자한테도 이 사실을 알려서 누구의 잘못인지 책임을 물어야 한다는 것이었다. 물론 그것은 원칙일 수는 있겠지만 친분을 주고받는 나로서는 그리 쉽지만은 않은 일이었다.

택배 물량이 폭주하는 요즘은 분실과 파손 등으로 사소하게 시비가 그치지 않고 있는 게 현실이라지만 즐거워야 할 명절 분위기를 망치는 이런 일들은 절대로 생겨서는 안 될 것이다.

신중해야 된다는 나의 신중론과 되도록 빨리 알려서 귀책사유를 규명해야 한다는 아내의 절대론이 마찰로 이어지다가 결국 우리는 보낸 이에게 알리기로 결정하였다.

한라봉이란 과일은 우선 껍질이 두꺼워서 쉽게 터지지 않을뿐더러 설사 낙과가 된다 해도 그리 쉽게 깨지지 않는다는 장점을 가진 과일이라 나로서도 분명한 추리나 심증으로 결론짓기가 어려웠다.

나는 우선 전화로 먼저 알렸다. 무슨 잘못이라도 한 것처럼 나의 목소리는 가라앉았고 더듬거렸다. 하지만 지인은 의아해 하면서도 차분하게 물건을 가져다 달라고 말했다. 다행이라는 생각이 들면서 나 또한 마음이 놓였다.

삼일 만에 귀환한 선물 박스를 열어본 지인과 주변 사람들 역시도 도무지 이해가 안 간다는 것이었다. 특별히 많은 양을 한 번에 주문했으며 도착해서도 몇 박스를 확인했지만 이런 상품은 발견하지 못했다고 한다.

그러면서 다른 사람에게 이런 물건이 배송된 것보다 차라리 격의 없는 내게 갔으니 참으로 다행이라면서 남은 한 박스를 가져가라는 것이었다.

이래도 미안하고 저래도 미안한 마음이었지만 과연 그 지인의 말대로 생산자에게 보내서 고의이던 실수이던 귀책사유에 대한 사과와 보상을 받았을는지는 여전히 의문으로 남는다.

봄이면 유채꽃이 만발하는 제주, 세계자연유산에 등재되어 연간 천만 명의 세계인들이 찾는 관광 한국의 대표 관광지 아름다운 제주에서 절대로 일어나서는 안될 일이 일어난 것이었다. 이런 일은 누구

개인 한 사람에게 해당되는 문제가 아니라서 지면을 통해서나마 알리고 싶은 심정이다. 이번 기회에 우리 함께 주인의식으로 관광 한국을 발전시켜나가는 계기가 되었으면 하는 바람이다. 제발 '고의가 아니었으면' 하는 마음 간절하다.

축제의 그늘

가을이 절정에 이르는 추석 무렵이면 각 지자체들이 벌이는 다양한 축제가 열린다. 지자체들의 지역 특산품 홍보와 손님 끌기 경쟁이 풍성한 가을을 뜨겁게 달군다. 축제를 알리는 크나큰 애드벌룬이 청명한 가을 하늘에 두둥실 떠있는가 하면, 각종 만국기가 펄럭이게 하여 축제 분위기를 한껏 돋우기도 한다.

구월 중순에 내가 가본 천안에서 열리는 세계 웰빙 식품 박람회가 그렇고 청양의 구기자 축제, 부은의 대추 축제 등이 그러했다.

구월 중순 경, 내가 잘 아는 동네 소모임의 여성 회장님의 초대로 친구 두 명과 함께 포도체험 가는 곳에 참석했다. 그냥 하루 가을의 정취를 맛본다는 생각으로 참석했다.

원래 일정을 전달받기는 포도체험은 포도를 따서 일정량(2kg)을 본인이 가져올 수 있으며, 그 이상이 필요하면 구매를 해오는 것이라 했다. 회비는 6천 원이었다. 팩스로 보내온 하루 일정은 불고기백반으로 점심을 먹고 포도체험을 한 후 두 시간 동안은 수목원에서 산책을 한다는 게 주최 측의 설명이었다. 언뜻 들으면 누구나 구미가 당기는 일이었다.

약간의 의구심이 생기지만 요즘 농촌 일손이 모자라 그렇게 하는

가 보다고 짐작을 하면서 그냥 가을 여행가는 기분으로 하루의 힐링을 위해 동행하기로 했다.

버스가 출발하자마자, 아주 건장한 여자 인솔자가 마이크를 잡는다. 보기만 해도 위협감이 들 정도의 부리부리한 눈과 떡 벌어진 어깨를 가진 남자 이상의 체격을 가진 소유자였다 거기다 목소리까지 허스키하여 웬만한 뱃장이 아니고서는 말 걸기조차 꺼릴 정도의 인상이었다.

그러나 그런 외형만으로 사람을 평가하고 편견을 갖는 것은 상대에 대한 예의가 아니라는 생각을 했다. 그런데 시간이 지나면서 그것은 나의 판단 미스였다.

첫인상이 다소 좋지 않다 하더라도 그 사람의 언어 구사 능력이나 상냥한 미소가 있었다면 우리나라 속담처럼 '뚝배기보다 장맛'이라는 말로 안심하는 게 사람들의 심리일 터인데, 그 인솔자는 한마디로 구릉지를 치고 달리는 중고 탱크와도 같았다. 겸양도 미소도 상대를 배려하는 아량도 없이 동문서답 식으로 자기 할 말만 늘어놓는다.

일정표에는 아예 없는 금산의 홍삼공장 방문과 사슴목장 방문이 잡혀 있으며 산책코스는 아예 일정에 빠져있었다. 정확한 귀가 시간도 맞출 수 없다는 것이 인솔자의 요지였다.

순간 버스 안은 찬물을 끼얹은 듯이 조용했다. 그러나 잠시 후 차안은 술렁거리기 시작했다. 나름 동네에서는 둘째가라면 서러워 할 사람들이 대부분 모인 자리인데 감히 사전 예고도 없이 일방적으로 발표하는 것은 완전한 사기라면서 흥분했다. 몇몇 사람들은 그러면 그렇지! 하며 예상했다는 듯이 이해하려 했지만 요즘 시골 사람들한테도 안 통하는 방문 일정 변경이었다.

당연히 기분 나쁘지만 인솔자의 몰지각한 발언과 마구잡이식 언어 구사 방법이 더 참기 힘들고 분통이 터진다는 것이었다. 도저히 묵과할 수 없다고 언성을 높이며 차 안의 분위기를 이끌어 가는 성격 급한 여성 회장님도 있었다.

결국 버스를 갓길에 세우고 가느냐 마느냐로 옥신각신 했다. 오히려 그 인솔자는 이런 사람들은 처음이라면서 잘못을 인정하기는커녕 밖에 나가 애꿎은 담배만 연신 빨아대며 내리려면 내리라는 식으로 투덜댔다.

그러나 아침 일찍 서둘러 나온 사람들을 그냥 중간에서 돌려보낸다는 것은 말도 안 된다는 생각으로 내가 중재에 나섰다. 중재라고 해 봐야 양쪽 감정을 누그러뜨리고 버스를 출발시키는 것이었다. 다행히 묵시적 합의로 버스가 다시 목적지 금산을 향해 출발했다.

두 시간 이상을 가면서도 버스 안은 냉랭하기만 했다. 무슨 말을 하든지 너는 지껄여라 나는 잔다는 식이었다. 한번 입은 마음의 상처와 그 인솔자에 대한 부정적 선입견이 도무지 풀리지를 않는 것이었다. 더 가관인 것은 맨 처음 소개시켜준 사무실의 담당자 아가씨는 아예 전화조차 받지 않았다.

기분이 채 풀리기도 전에 금산에 도착하여 먼저 홍삼 판매 공장과 이어서 사슴목장이라는 곳으로 안내되었다. 그러나 어디에도 제조하는 공장은 보이질 않았다. 사람들을 모아놓고 강의하는 강의실만 줄지어 있었다. 강사의 홍보가 끝나자 여직원들이 대거 몰려와 주문서를 들고 판매에 나섰다.

처음에 눈치만 살피던 우리 일행은 한 사람이 주문을 하자 우르르 뇌동매매에 들어갔다. 정작 포도체험이 주가 아니고 이런 식의 판매 목적이 주가 되어버렸다. 그런데 그곳의 판매 방식이라는 것이 어느 곳이던 똑 같다는 것을 나중에 알았다.

중식을 먹고 나서야 겨우 영동 포도밭으로 향했다. 잘 가꾸어진 포도밭에 주인아주머니가 기다리고 있었다. 자신들이 가져갈 포도 2킬로그램 외에 일행이 추가로 구입한 포도는 5킬로그램 박스 2만 원짜리 열 박스 정도를 매입했다. 금액으로 해봤자 20만 원밖에 안 되는 돈이다. 여기에 인솔자에게 3박스를 제공하고 일행 32명에게 2킬로그램씩 제공하였으니 아무리 계산해 봐도 배보다 배꼽이 더 큰 셈이었다.

일손이 모자라는 농촌 현실이라고는 하지만 하루도 쉬지 않고 여름내 피땀으로 가꿔온 귀한 포도가 이렇게 값싸게 소모되는 현실이 너무 안타깝고 가슴 아팠다.

포도밭을 핑계 삼아 먼저 방문한 다른 두 곳에서의 구매 대금은 어림잡아 7백여 만 원이나 되고 보니 이것은 포도체험이 아니고 방문판매를 주목적으로 주최 측에서의 기만행위라는 기막힌 사실을 알게 되었다.

포도밭 주인아주머니의 표정에는 이렇게라도 포도밭을 정리하고 싶은 마음에서 어쩔 수 없지 않느냐는 서글픔이 역력해 보였다. 그냥 이익을 위해서라기보다 농사지은 것 수확하기 위한 수단에 불과하다는 생각이 들다보니 더욱 안타까웠다. 더구나 영동이 나의 처가이면서 장모님께서도 평생을 포도농사만 지으셨다. 수확 철만 되면 출가

한 형제들이 모두 모여 포도 수확을 하는 게 휴가 겸 매년 있는 큰 행사였었다. 지금은 돌아가시고 안 계시지만 평생 포도 농사지으시느라 기역 자 허리로 굽으신 불편한 몸으로 박스가 터지도록 자식들에게 담아 보내주셨던 장모님의 사랑이 오늘따라 몹시 그리워진다.

멋과 맛의 남도기행

며칠 전 나는 아내와 함께 지인의 추천으로 남도 여행에 참가하기로 했다. 1박 2일의 코스로 전라남북도의 명소를 돌아보는 패키지 테마여행이었다.

8월 23일, 서울의 한낮 기온이 35도를 넘는다는 예보를 들으면서 많은 걱정을 안고 집을 나섰다. 새벽공기를 마시며 교대역에 도착했을 때는 이미 일행들이 와있었다.

해외여행에서 관광버스를 타고 온종일 돌아다녀 본 적은 있었으나 국내에서 그것도 폭염의 한 여름 새벽부터 20명의 인원이 관광을 하는 것은 처음 있는 일이었다. 삐쩍 마른 남자 가이드의 말로는 최소 25명은 되어야 출발을 한다고 하면서 오늘은 특별하게 모신다고 했다. 그도 그럴 것이 누가 이 폭염에 관광을 가겠는가 말이다. 안내 방송을 시작으로 전주 한옥마을에 도착했다. 작열하는 뜨거운 햇살을 받으며 돌아본 마을 거리는 서울 가회동 한옥마을과는 다르게 상점이 너무 많아 마을 같은 기분은 덜 들었다. 유명한 전주비빔밥을 맛있게 먹는 것으로 아쉬움을 달랬다.

다음 행선지는 가수 조영남의 동상이 세워진 화개 장터를 돌아보았다. 장터는 몇 년 전 화재로 새로 단장된 건물이 대부분이었다. 없을 건 없고 있을 건 다 있다는 화개 장터는 평일이라서인지 손님은 그리 많지 않았다. 장터에서 멀지 않은 곳에 그 유명한 김용택 시인의 시 무대가 된 섬진강가에 도착했다.

평사리 공원에서 바라보는 섬진강은 그야말로 자연 그대로의 멋을 간직한 채 시인의 말처럼 어머니의 품 같이 고고하게 흘렀다. 참으로 아름다운 강이었다. 사진 몇 장 찍고 여수로 향해 달리는 길목에서 나라의 기간산업의 원동력인 광양 제철소와 석유화학단지를 지나면서 엄청난 설비 규모에 놀라지 않을 수 없었다.

오동도를 거쳐 여수 시내를 한눈에 바라볼 수 있는 해상케이블카에 올라 별빛처럼 반짝이는 물 위에 뜬 여수 시내를 바라보니 가히 이탈리아의 베네치아가 안 부러웠다. 일정상 낮 시간대에 타야 하는 케이블카를 밤에 타다 보니 폭염도 어느덧 사라지고 시원한 바람이 불어오는 틈새로 물비린내가 코끝을 간질인다.

늦은 저녁을 게장 정식으로 먹고 숙소에 들어 피곤을 누이려는데 일행의 호출이 있다. 여수의 밤을 그냥 보내서야 되겠냐는 일행의 리더가 치킨 집으로 안내했다. 목까지 차오르는 과식을 안고 자는 여수의 밤은 그리 길지 않았다.

눈을 비비고 고양이 세수를 한 일행의 버스는 순천만으로 향했다. 아침 식사도 안 하고 짱둥어 탕을 먹기 위해 한 시간을 달려온 순천만의 풍광이 아침 햇살에 더욱 반짝인다.

끝없이 펼쳐진 갈대숲을 보노라니 어릴 적 금강물이 드나들던 고향 마을의 들녘이 떠올라 감회가 새로웠다. 그 넓던 갈대밭이 지금의 옥토가 되어 삶의 풍요를 가져다준 바로 그 갈대밭이 끝없이 펼쳐진 모습은 장관이었다. 처음 먹어본 짱뚱어 탕은 추어탕 맛과 비슷한 것 같았지만 갯벌 냄새 맛이 나는 특별한 별미였다.

순천만 정원 안에 있는 카페에서 가이드의 배려로 원액 요구르트와 삶은 초란을 먹는 맛은 사막의 오아시스나 다름없었다.

다음 일정으로는 달력 사진에서나 보아왔던 보성 녹차 밭으로 향했다. 피곤이 밀려오는 눈을 감은 지 얼마 안 되어 아름드리 삼나무가 빼곡한 입구를 지나 그림 같은 녹차 밭을 감상하며 연신 카메라 셔터를 눌러 댔다.

아버지가 물려준 유산이라서 형제 중의 형이 주인이고 동생은 아래 집에서 기념품을 팔며 관리를 한다고 한다. 녹차 밭 옆의 조그만 개울에 의자를 갖다 놓고 발 담그는 장소가 있는데 물은 적었다. 그러나 열이 오른 발을 식히는 데는 아쉬운 대로 효과가 있었다. 우리가 어렸을 때 이런 곳은 개울이 아니라 '똘강' 이라고 불렀다. 물론 도랑의 충청도 산골의 사투리지만…….

점심을 먹기 위해 꼬막으로 유명하다는 벌교로 향했다. 태백산맥의 끝자락이라는 벌교에 오니 눈에 띄는 식당 간판은 꼬막이 안 들어간 곳이 없을 정도였다.

조정래 작가의 기념관이 있는 바로 밑의 식당인데 꼬막이 제철이 아니라서 맛 조개 요리로 바뀌 나왔다. 맛 조개 찜과 맛 조개 무침, 맛 조개 전 등이 나오는데 지금껏 먹어본 음식 중에 단연 최고의 맛이었다.

조정래 작가의 기념관을 둘러보지 못한 아쉬움을 안고 마지막 코스인 담양 죽녹원 을 향했다. 1박 2일의 촬영지인 죽녹원은 그 더위에도 대나무 숲이라서인지 보기만 해도 시원해 보였다.

한 바퀴를 도는 동안 나는 왼발에 무리가 왔는지 걸음을 옮길 때마다 통증으로 절룩이며 겨우 걸을 정도였다. 그도 그럴 것이 하루 걸음 수가 이만 오천 보를 걷다 보니 무리가 왔나 보다. 그래도 다행한 것은 마지막 코스라는 점이었다.

담양에서 유명하다는 못난이 빵집에 줄을 섰다. 시식용으로 무던히도 많이 썰어 내 놓는 이름 하여 못난이 빵 여덟 개들이 한 박스를 주문했다. 못난이 빵으로만 넣어 달라는 부탁을 하고 한 박스를 사 들고 서울까지 열어보지도 않고 왔다. 못난이 빵은 나보다도 아내가 맛있어 해서 샀다. 그런데 서울에 와서 열어 보니 못난이 빵은 딱 한 개가 들어있고 맛없게 느꼈던 도넛만 들어 있는 게 아닌가. 아내의 구박은 말할 것도 없고 나도 또한 어이가 없었다. 실수려니 했지만 기분은 안 좋았다.

이튿날 나는 담양 빵집으로 전화를 하여 자초지종을 설명했다. 그러자 뜻밖에도 주인은 당장 다시 보내준다기에 그럼 송금을 하겠노라 했지만 미안하다면서 그냥 보내준다고 했다. 물론 그 이튿날 소포로 도착했다. 유명한 집이든 아니든 간에 아직도 양심은 살아 있다는 생각이 들어 기분이 좋았다.

60년을 넘게 살면서 이번처럼 알뜰한 여행을 하면서 즐거웠던 여행은 처음이었다. 해외여행객의 숫자가 연일 최고를 기록한다는 뉴스가 잦은 요즘 이것만이라도 작은 애국이 아닐까.

이런 여행을 하게 한 지인에게 감사드린다. 그리고 해외도 좋지만 이런 국내 여행을 모든 분들께 권하고 싶다.

마음의 온도차

2019년 여름은 예년에 비해 그렇게 폭염은 아니었다. 하지만 예상치 못했던 일본에서 불어오는 광풍으로 머리와 가슴에서 이는 뜨거운 불꽃은 온 나라를 태우고도 남았다.

평소 같았으면 그냥 정치인들의 외교적 자존심 싸움이려니 하고 무관심과 무반응을 보였을 법도 했다. 하지만 이번 사건은 양상이 달랐을 뿐 아니라 분명 심상치 않다는 생각까지도 들었다.

그 까닭은 70여 년 만에 처음으로 계획한 초등학교 친구들과의 부부동반 일본여행이었기에 더욱 관심을 갖고 사태의 추이를 지켜보는 수밖에 없었다.

연일 떠들어 대는 매스컴의 영향 때문인지 만장일치로 결정했던 여행 계획에 반대 의견을 내는 친구가 하나 둘 생겨나면서 추진하는 집행부마저도 우왕좌왕하며 결론을 내리지 못하다보니 시간이 갈수록 불협화음은 더해갔다. 이제는 더 나아가 의견제시의 수준을 떠나 아예 판을 깨려는 저의까지 보이는 회원이 있었다. 끝내는 어이없는 일이 벌어지고 말았다.

여행을 강행하자는 찬성 인원이 과반을 넘는데도 처음부터 탐탁지 않게 비협조적인 회원 한 명과 동조하는 한 두 명이 집행부의 추진동력을 떨어트리는 결사적 반대 의견을 카톡 방에 올리면서 판을 흔들어댔다. 명분은 그럴싸하게 일본과의 문제라면서 선의적 애국심을 포장하여 전면에 내세웠지만 사실은 나에 대한 서운한 감정의 화풀이였음을 나중에 알게 되었다.

광복을 이룬 지 74년 동안을 상호 협력 관계였던 일본의 조치는 결론적으로 소박하게 살아온 초등학교 친구들과의 우정마저 금이 가게 하는 초유의 사태를 만들었다. 결론적으로 과반 이상의 찬성에도 불구하고 일본여행은 취소되었다. 지금까지 아내와 나는 작고 검소한 여행을 다녔었지만 일본여행만큼은 그다지 관심을 두지 않았었다. 딱히 가고 싶지 않다기보다는 은연중에 가슴 한구석에 남아있는 비호감이 주리를 틀고 있었다.

70이 다되어서야 일본여행을 계획한 배경 또한 70줄에 들어선 같은 세대라면 아마도 말하지 않아도 이해가 갈 것으로 본다. 그런 와중에 취소가 되다보니 말은 하지 않았어도 기대하면서 좋아했던 아내의 실망이 컸으리란 생각에 미안한 마음이 컸다.

오랜 시간 동안 좋은 일에는 드러나지 않던 친구들과의 철학적 이상과 내면이 이번 일로 극명하게 드러나고 말았다. 개인적 서운한 감정의 개입으로 판을 흔들었던 한 친구의 오기 앞에 편승하면서 다수의 의견을 지켜내지 못한 집행부의 안일함에 결국은 위약금 이백만 원만 물고 남은 회비까지 나눠 갖는 것으로 최악의 결과를 초래하고 말았다.

올해로 결혼 40주년을 맞이한 아내와 칠순을 맞은 한 친구 부부와 멋진 추억을 만들어 주려던 계획은 여지없이 깨지고 말았다.

하지만 그냥 지나치기에 너무 아쉬워 우리 둘은 여행 취소의 후유증을 달래기 위한 일정으로 해남 땅 끝 마을과 보길도 여행을 1박 2일로 결정했다. 지금껏 한 번도 가보지 못한 것은 일본이나 같다는 생각으로 일본 가는 원래 날짜에 맞춰 떠났다.

계절은 말복이 지나고 입추가 지났는데도 서울의 한낮 기온은 여전히 33도를 넘는 폭염이었다. 새벽바람을 가르면서 달리는 창가에 스쳐 지나가는 아름다운 풍광을 바라보는 내 마음은 한 줄기 무지개를 보는 듯 용서와 화해라는 보편타당한 가치 앞에 모든 아쉬움과 서운함이 일순간 내려앉는 기분이 들었다.

* 늦어도 괜찮은 국내 여행

해남 땅 끝 마을에 도착하여 보길도를 향한 선상의 풍광은 육지에서 느끼지 못했던 이국적 풍경이었고 우려했던 더위마저 생글생글한 바다 바람에 사라지고 코끝에 들어오는 풋풋한 비린내 나는 향기는 갑자기 입맛을 돋우었다. 바다 위에 집을 짓고 활짝 피어날 그날을 기다리는 국내 제일의 전복 생산지는 이름하여 환상의 섬이요, 낙원의 섬이었다.

특히 보길도는 조선 시대의 걸출한 문인이었던 고산 윤선도 선생의 유적으로 가득 차 있었다. 선생이 직접 계획하고 조성했다는 별서 정원인 원림은 조선 가사 문학의 걸작인 '어부사시사'를 탄생시킨 곳이라 하니 문인이라는 것에 숙연한 마음과 부끄러운 마음마저 들었다.

바다 위에 무수히 떠 있는 생명체들의 산실인 보길도 바다의 매력에 심취되었던 이번 여행은 크게는 국가에 애국을 하면서 아내의 실망을 즐거움으로 바꿔준 국내 여행의 진수를 맛본 여행이었다. 일본의 광기가 아니었더라면 언제 이곳을 찾았을까?

곰곰 생각해 보니 이번 여행은 꿩 대신 닭이 아니라 닭 대신 꿩이었다는 생각이 드는 순간, 8월의 노을은 어느새 바다 속으로 숨어들고 있었다.

보길도

타는 햇살 쏟아지는 바다
생명의 근원 바다 속의 보금자리
활짝 꽃 피울 그날을 기다리며
출렁이는 뱃머리 어부들의 콧노래소리 들리고

고산 선생의 걸작 어부사시사의 시향이
물결 위에 살아 숨 쉬는 섬의 낙원
애절함을 달래기 위한 선비의 혼이
내 안의 어둠을 사라지게 한다

하늘빛 내려앉는 노을 진 바다 위
죽은 듯 살아 있는 생명의 씨앗들과
잘 자라 입맞춤하는 어부들의 사랑이
오늘도 시퍼런 파도를 잠재운다

슬픈 사연 담은 세연정의 발자취
詩가 불쑥 뛰어나올 듯한 시상
아름답고 풍요의 보길도 바다
지혜의 싹이 띄워질 그날을 기다려본다.

천당과 지옥의 경계

갖가지 모양의 기암절벽들이 만물상을 연상케 하고 하얀 목화송이처럼 흩어졌다 뭉쳤다 하는 안개의 포말들이 하늘의 문을 열었다 닫았다 하는 장가계의 신비는 감탄과 공포 그 자체이었다. 한평생 삼국지를 읽어보지 않고서는 책을 읽었다고 말하지 말고 평생 장가계를 가보지 않고서는 여행했다고 말하지 말라는 말이 있다는데 누가 지어낸 말인지는 모르지만 그만큼 놀라운 사실이 복합적으로 상존한다는 얘기로 귀결되어진다.

2018년 10월 18일은 그런 추상을 확인하기 위한 여정을 준비하여 23명의 회원들과 함께 대장정에 돌입한 날이다. 미리 확인한 일기예보는 실망과 절망의 연속이었지만 한 가닥 희망으로 국내에서의 오보 같은 것을 은근히 기대하면서 장가계 공항에 도착했다.

맑은 날씨는 아니었지만 투덜대는 구름 사이로 가끔 한 번씩 환영의 인사 외엔 햇볕은 여전히 구름을 뒤집어쓰고 잠을 자고 있었다. 첫 번째 투어에 나선 황룡동굴은 지금껏 보지 못한 웅장함과 섬세함이 인간의 감성을 무아지경으로 매몰되게 하는 신비스런 광경이었다. 그러나 결코 일기예보의 오보는 없었다. 첫날 동굴 탐방에 고무된 일행은 숙소에 들어와 전원이 모여 닫혔던 가슴을 열고 뒤풀이에 들어가면서 왁자지껄 못다 핀 한 송이 꽃을 피우며 자정을 넘기었다. 아마도 이번 기회에 각자의 주량을 확인할 수 있었던 자리가 되었던 것 같다.

둘째 날 역시 보일 듯 말 듯 안개비가 내렸다. 아쉬움을 토해내는 일행들의 푸념이 간간히 들리었지만 직선에 가깝게 올라가는 고도의 케이블카에서 내려다보는 삐죽삐죽 내민 오묘하고 신비로운 바위들의 경연장을 보면서 일행은 너도나도 즐거워하며 카메라셔터 누르는 것에 여념이 없었다.

천혜의 자연 환경에 놀라는 것은 자연스러운 일이었으나 바위산을 뚫어 만든 길고 긴 에스컬레이터와 깎아지른 바위벽에 다리를 놓아 유리잔도와 귀곡잔도라는 이름을 붙인 절경은 이름 그대로 귀신 곡할 정도의 불가사의한 시설물들이었다. 장가계 관광을 마치고 내려오는 길은 케이블카가 아닌 25인승 버스였는데 역시 꼬불꼬불한 내리막을 질주하는 버스는 그야말로 천당과 지옥의 경계를 넘나드는 곡예 아닌 광적 운전이었다. 소변을 지릴 듯한 요도의 찌릿함은 물론 근육의 긴장에 내장까지 울렁거렸다.

뒤꿈치 발바닥의 통증을 안고 부실한 육신을 오직 책임감과 정신력으로 한 사람의 소매 자락에 의지하며 회장이라는 사명감을 안고 안개 속을 더듬거리며 행여나 일행을 놓치지나 않을까 옆도 돌아보지 못한 채 내려온 나는 잊지 못할 엄청난 양의 산물에 머리가 복잡해졌다. 즐거움인지 고행인지조차 생각할 겨를도 없이 둘째 날 관광을 마쳤다. 이날 저녁도 다를 바 없이 전원이 모여 뒤풀이에 이야기 꽃을 피웠다. 하지만 공연관람 문제로 의견조율이 안되어 약간의 소란이 있었지만 단체에서 흔히 있는 일이라 크게 개의치는 않았었다.

내일 하루만이라도 하면서 밤새 기원한 화창한 날씨는 우리의 염원을 듣지 못한 채 3일의 기록을 깨지 않고 내렸다. 국내 같으면 붉은 단풍 사이로 비집고 내리는 가을비를 낭만적이라고 한줌 추억을 만들려는 행락객들로 북적댔을 터이지만 이곳에서의 비는 여행의 조건 3박자 중에 가장 중요한 날씨가 따라주지를 않았다.

셋째 날 원가계라 불리는 천자산은 다행하게도 뿌연 안개 포말이 걷히면서 이곳저곳에서 근육질 남성의 기백이 살아나듯이 하늘을 찌르는 듯한 바위들이 시야에서 들락거렸다. 그나마 이정도 눈요기라도 할 수 있다는 사실에 다들 즐거워하며 사진 촬영에 여념이 없었다. 이곳 역시 내려올 때는 버스로 이동해야 했는데 갈아타는 버스만 해도 일곱 번이었다.

수많은 인파들이 밀고 밀리면서 정해지지 않은 차량에 순시도 없는 승차전쟁 또한 기이한 광경이었다. 주차장에 버스가 도착하면 무조건 뛰어 선착순으로 버스에 타는 식이다 보니 중국인들과 경쟁적으로 밀고 밀리면서 자리를 잡아야 하는데 왜 그렇게 시끄럽게 목소리가 큰지 도떼기시장이 따로 없었다.

비옷을 입고 우산까지 쓰고 일행을 따라잡으려면 잠시도 한눈팔면 낙동강 오리알 되는 것은 시간 문제였다. 그런데도 아뿔싸 두 명의 회원이 대열을 놓쳐 헤매다가 찾은 애기를 나중에 들었다. 얼마나 화가 났는지 나를 보는 순간 마구 격한 말을 쏟아냈다. 그것뿐이 아니었다. 수많은 사람들이 북적대는 중국 여행지에서 한 회원이 핸드폰까지 잃어버렸다는 소리에 참으로 난감하지 않을 수가 없었다. 이것은 강에서 바늘을 찾는 것과 마찬가지라는 생각에 모두들 절망감에 안타까워하는 중에 다행하게도 산 아래 출발지 휴게실에 놓고 온 것을 직원이 보관하는 바람에 찾을 수가 있었다.

우리 일행과 나에게는 크나큰 행운이고 상서로운 징조라는 생각마저 들었다.

장가계에서의 마지막 밤을 의미 있게 보내기 위한 기획의 일환으로 추진한 공연관람은 처음부터 약간의 의견이 상충되는 부분이 있었지만 결국은 대의적인 협조로 기분 좋은 관람을 흥겹게 볼 수 있었다. 공연 내용은 중국 다섯 소수민족의 풍습과 전통을 박진감 있고 애달픈 사랑 이야기로 꾸며졌다. 이름하여 '魅力祥西매력상서'란 제목의 이 공연은 중국에서도 이름 있는 감독이 연출한 작품이라 한다. 웅장하게 펼쳐지는 무대 풍광이 더욱 감탄을 불러일으켰다.

숙소에 돌아온 우리 일행은 마지막 밤의 피날레를 즐기기 위해 전원이 모여서 장가계에서의 관광에 대한 뒷이야기들로 밤이 깊어갔다.

비록 의견 차이는 있었지만 부족한 부분은 채워주고 넘치는 것은 나눔으로서 단합된 마음을 확인하는 자리이고 보면 해외여행이 공동체의 결속과 마음에서 마음으로 이어지는 좋은 계기란 것을 느낄 수 있었고 더 나아가서는 인솔자 리더의 역할에 대해 더 크고 깊은 성찰의 계기가 되는 좋은 경험이기도 했다.

히말라야

보였다 사라지고 들릴 듯 들리지 않는
조각난 낮달이 계곡에 곤두박질치고
무너져 내리는 억만년 사연들이
아우성치며 슬픔을 달랜다

발자국 하나 싣고 달리던 기차는
끊어진 다리 위를 날아서 바다 속으로 사라지고
하얀 도화지에 새겨진 붉은 피자국은
이정표 되어 까만 점 하나로 이 길의 마지막을 알린다

창문을 열고 소리쳐 불러 보지만
대답 없는 메아리만 울림으로 다가와 귓전에 맴돌고
줄지어 따라붙는 떨리는 목소리는
신들이 살고 있는 마그마가 지은 집에 여장을 푼다

얼어 죽은 눈표범의 동공에는 설산의 지도가 그려져 있고
쌓인 눈 밑에서 들리는 애절한 곡조는
억만년의 빙산을 녹이며 히말라야를 흔드는데
아직도 돌아오지 못한 차디찬 영혼은 언제쯤 돌아오려나.

작은 한가위

2020년 10월의 추석은 지금껏 한 번도 경험해 보지 못한 명절이었다.

코로나의 여파로 고향 가는 것과 가족 간의 만남마저도 추후로 미뤄달라는 정부의 권고를 계속 듣고 보니 선뜻 나서는 것조차 망설여지고 혹여 다른 사람에게 피해나 주지 않을까 하는 걱정에 특별한 나들이 계획 없이 수원에 사는 딸네 가족들과 집에서 음식이나 먹기로 하였다. 하지만 그것마저도 마음대로 되지 않았다.

수원에서 온다던 딸네 가족들이 갑자기 못 온다는 연락이 왔다. 호치민에 가있는 아들네 가족은 그렇다 치더라도 수원에 사는 딸네 가족은 하루 전까지 온다는 통보를 해 왔었는데 갑자기 아파트 같은 동에 사는 주민 한 사람이 코로나 양성 판정이 나왔다고 하여 이러지도 저러지도 못하다가 그냥 안 오는 걸로 결정을 했다고 한다.

그동안 방문이 너무 뜸했던 차라 기대에 부풀어 있던 손녀들의 반응은 보지 않아도 뻔한 일이었다. 몇 개월 동안을 한 시간 거리면 오고갈 곳이었음에도 이번 추석의 만남을 위해 참고 기다렸었는데 참으로 안타깝고 서운한 일이었다.

내가 어릴 적 외할머니 댁에 가고 싶어서 몸이 아플 지경에까지 이르렀던 그 옛날 기억을 되돌아 생각해 보면 충분히 손녀들의 마음을 이해할 것 같다.

칠십 평생 이런 일이 처음인 내게도 서운함은 말할 것도 없고 화까지 나는 충격을 처음 느끼게 하는 추석이 되었다.

명절을 맞아 고향 가는 날을 기다리는 마음이 내 곁을 떠난 지도 꽤나 오래되었다.

두 시간 반 거리를 일곱 시간까지 지체하면서 고향집을 찾아갔던 시절을 생각해 보면 지금으로서는 고개가 갸우뚱할 수도 있겠지만 그때는 그 어렵고 피곤함을 감내하면서 고향집에 가는 것을 가장 즐거워했으며 당연한 것으로 받아들였었다.

도착했을 때의 뿌듯함 부모님의 환한 웃음은 피곤함을 싹 잊게 해 주는 묘약이었었다는 생각을 갖게 한다. 하지만 어느덧 세월이 흘러 이제 자리가 바뀌어 부모님을 찾아가는 것이 아니라 아이들을 기다리는 처지로 바뀌고 보니, 그때 몰랐던 부모님의 환한 웃음의 의미를 알 수 있을 것만 같다. 그러나 한편으로는 부모님을 찾아뵙기는 하였지만 과연 내가 고향 부모님께 얼마나 큰 의지와 기쁨을 드렸는지 돌이켜 생각해 보게 된다.

아침밥을 먹고 나가면 해질 무렵이나 들어왔던 기억들이 죄송한 마음으로 다가오는 것은 내가 부모 되어 느끼는 감회가 아닐는지. 아마도 친구들에게 더 많은 시간을 보냈다는 자책 때문일 것이라는 생각을 갖게 한다.

못 온다는 소식을 접해들은 나는 말문이 꽉 막혀버릴 정도로 충격이 컸다. 나 스스로도 나의 내면이 이렇게까지 연약하고 예민하게 다가올 줄은 예상하지 못했었다.

한 번도 경험해 보지 못했던 추석 명절을 부부 단 둘이 지낸다는 것은 꿈에도 생각 못했었기에 더욱 큰 충격으로 다가왔나 하는 생각을 해본다.

코로나19로 인해 거리두기 등 방역 수칙의 일환이라고는 하지만 외곽에 있는 대형식당이나 추석 대목에 전통시장을 찾았을 때의 방역 수칙은 전혀 지켜지지가 않았다.

특수상황 이라고는 하지만 그 무엇으로도 코로나에 대한 안전망은 없어 보였다.

사람이 부딪쳐서 걸어 다닐 수가 없을 정도이었지만, 이제는 너나 할 것 없이 코로나에 대한 경각심이 만성화 되어가는 현상이 온 것 같다는 생각이다.

나는 추석날 아침의 쓸쓸함을 잊기 위해 단독으로 자전거를 타러 한강으로 페달을 밟았다. 평소 휴일 같았으면 자전거 타는 사람들로 넘쳐날 한강변인데 추석 날 아침은 드문드문 눈에 띌 뿐 우리 나이 또래는 아예 보이지를 않았다.

자전거를 타면서도 나는 지금까지 지내오던 추석의 모습이 자꾸만 떠올랐다. 내가 부모님 제사와 차례를 지내다 형님 댁으로 옮겨갔어도 나는 손자 민준이를 위해서 집에서 차례 상을 차렸었지만 이번에는 아무 준비도 안 하다 보니 명절이라는 감정은 어디에도 없으니 더욱 허전하고 쓸쓸하기만 했다.

아이들이 좋아하는 음식을 장만하느라 며칠 전부터 정성으로 만든 음식들을 누가 다 먹을까 하는 생각에 마음이 짠하기만 하여 우리는 다음날 집이 아닌 공원에서 딸네 가족과 만나기로 하여 광교에 있는 호수 공원을 찾았다.

그곳에는 벌써 많은 사람들이 가족 단위로 몰려와 공터나 숲속에 자리를 잡고 싸온 음식을 풀어 놓고 먹고 즐기고 있었다.

우리 가족도 소나무 숲 한편에 자리를 펴고 앉아 싸온 음식을 먹으면서 맑은 호수의 풍광을 바라보며 신선한 공기를 마음껏 마시면서 아이들과 한나절을 놀다 돌아왔다.

집에 와서 하룻밤을 자고 싶어 하는 손녀들에게는 많은 아쉬움이 남았겠지만 차후를 기약하는 수밖에…….

올해는 벌초도 남의 손을 빌어 했지만 성묘도 못 가는 상황이 되어 버렸다. 부모님께 송구한 마음이 든다. 많지 않은 자식들에게서 많지 않은 손주 달랑 셋이지만 고것들이 노는 모습은 생각만 해도 웃음이 터져 나온다. 이를 두고 손주 바보 할머니 할아버지가 되는 것이 아닌가 싶다.

경제 활동마저 끊긴 지금쯤이면 누구라도 손주의 웃음소리에 감흥하지 않을 할머니 할아버지는 없을 것이다.

이번 한 번으로 이런 상황이 끝이 났으면 하는 바람을 안고 종전처럼 활기차게 생활할 수 있었으면 하는 바람과 모든 가족의 건강을 기원하는 마음으로 썰렁한 추석의 의미를 남겨본다.

가배(추석)의 추억

밀물이 춤을 추며 새벽을 깨운다
비트음악의 고성에 방파제도 흔들
고층의 빈방마다에 가득 찬 속삭임
풀어헤친 혈육의 정이 물보라를 일으킨다

이맘때면 밀려오는 원뿌리 가지 열매
품속의 따스함에 하얀 미소 던지며
뽀얀 얼굴들 사촌 간의 신나는 춤사위
구석구석 향기가 주렁주렁 넘쳐난다

뒹굴고 춤추며 머문 시간 겨우 한나절
북적대던 항구에는 빈껍데기만 수북이 쌓이고
내 안의 꽃자리 터질 듯 비추는 달이
환한 웃음 지며 얼굴을 내밀 때면

장마당 보따리 챙겨들고 아쉬움 남긴 채
뱃고동 울리며 떠나가는 해맑은 모습들
가슴 언저리에 묻고 썰물 되어 빠져나간다
까만 눈인사에 젖은 눈 어버이의 작은 소망
다시 올 밀물 때를 기다린다.

똑같더라

- 너도 손자 낳아봐라 -

"에끼, 이 사람아 무슨 사람이 그래."

가깝게 지내는 고향 친구가 일찍 손주들을 얻고 나서부터는 나를 만날 때마다 손자 얘기로 정신이 팔린다. 주말만 되면 보고 싶어 안달하는 친구에게 자발없다고 핀잔을 하지만 혹 나도 그렇게 되지 않을까 하는 은근한 걱정을 하면서, 한 마디로 비위가 거슬린다.

내가 구박을 해대노라면 친구의 변명은 아주 간단하다. '너도 손자 낳아봐라.' 어떤 설명도 필요 없다는 뜻이다. 아무리 그래도 그 정도까지야 하며 손자 얻기를 기다려온 내게도 3년 전 금지옥엽의 손자가 태어났다.

눈에 넣어도 아프지 않을 나의 손자가 어느덧 37개월이 되었다. 만나는 사람마다 가급적 손자 얘기는 하지 말아야지 하면서도 말을 꺼내지 않으면 입안에 가시가 돋을 것만 같았다.

나는 모르는 척 하면서 은근슬쩍 손자 얘기를 꺼낸다. 주변 친구 지인들은 그런 내게 조소와 빈축을 보냈을 것이 뻔하다. 그런 손자 바보 할아버지가 모처럼 손자를 위한 이벤트를 준비했다.

손자를 얻기 전만 해도 친구네 가족과 어울려 여름이면 1박 정도는 어디든 갔다 오곤 했었다. 그런데 요즘은 손주들이 생겨서인지 놀러 가는데 적극성은 물론 마음까지 멀어진 느낌이다. 우리 집은 휴가라고 해봐야 해마다 모이는 상주의 처가 식구들 모임이 유일한 휴가이다.

올해도 2박 3일을 갔다 오긴 했지만, 손자 보는 재미보다 더 쏠쏠하지는 못하다. 집에서 10분 거리의 아주 가까운 거리에서 살고 있는 손자지만 자주 만나기는 어렵다. 다 좋은 뜻이라고는 하지만 가끔은 서운할 때도 한두 번이 아니다. 이럴 때마다 나는 부모님 살아계실 때 손자들 보고 싶어 하는 부모님 마음 헤아리지 못했던 나 자신을 돌아보며 늦은 후회를 하게 된다.

손자 녀석과 함께 할 장소로는 그리 멀지 않은 홍천에 있는 콘도로 정했다. 1박 2일의 모든 일정과 숙박 그리고 먹을거리는 손자에게 초점을 맞추어 진행되었다. 행사일까지 일주일을 기다리는 시간은 초등학교 시절 소풍 가는 날 기다리는 그런 설렘보다 더했다. 가슴이 두근거려 밤잠이 설쳐지고 아직은 남아있는 메르스 감염병의 불안감마저 망각해 버릴 정도로 손자와의 추억 만들기에 대한 기대감은 이루 말할 수 없이 컸다.

칠월의 첫째 주말 4일을 기해 우리 가족은 길을 나섰다. 이번 여행을 통해 메르스로 인해 만나지 못 했던 한 달간의 답답함을 풀고 보고 싶었던 손자를 실컷 보면서 즐길 생각을 하니 이 나이에도 그런 설렘이 잔잔한 물결처럼 일어났다.

어제 저녁 회사 회식으로 늦게 들어와 피곤하다는 아들 녀석을 대신한 며느리의 말을 듣고 아내는 오늘도 내게 운전을 맡긴다. 장거리 여행에서는 가급적 내가 운전을 하는 편이다. 내게 믿음이 있는 것인지 아들을 쉬게 하기 위함인지 아무튼 핸들을 잡는 횟수는 내가 훨씬 많다. 운전하는 나를 가리키며 세 살인 손자는 '할아버지 운전 조심해요.'라는 위로와 경고를 계속 보낸다. 관심을 갖고 때론 졸리지 않은지 물어 보고 노래도 불러 주는 분위기를 연출하는 손자는 꼬마 연출사 같다. 덕분에 우리 가족은 지루하지 않게 그 유명한 홍천의 화로구이 집에 도착하게 되었다.

차 안에서의 답답함을 짜증내면서 창문을 열어 달라는 손자에게 며느리가 밖을 보는 느낌이 어떠냐고 묻자 손자의 대답이 아주 걸작이다. '딸기 맛 같다.'는 표현으로 가족을 놀라게 했다. 이런 파격적 언술과 어휘는 일찍이 들어 보지 못 했었다. 시를 쓴다고 몇 년을 허덕거리는 내게 심금을 울리는 그 말 한 마디만으로도 이번 나들이의 성과는 크게 거둔 셈이 되었다.

점심은 돼지갈비로 했다. 여느 때 보다 맛이 있다며 가족은 집을 잘 찾아 왔다고 만족해했다. 식당 주인아주머니가 가까이 다가와 귀엽다는 칭찬 한 마디에 손자는 '너무 맛있게 잘 먹었어요.'라고 응수하니 주인아주머니께서 놀라시며 너무 기특하다고 옥수수 하나를 준다.

손자 녀석은 눈썰미가 아주 뛰어난 것 같다. 보이는 것에 대한 평가 또한 일품이다. '할머니 머리가 어제는 예뻤는데 오늘은 왜 미우냐.'는 질문을 할 때면 우리는 예사롭지 않다는 생각으로 고개를 갸우뚱하기도 한다. 내가 손자에게 "너는 왜 그렇게 예쁘니?" 하고 물으니 "할아버지 닮아서 예뻐요." 참으로 기가 막힐 정도의 재치가 아니던가?

물놀이장에서나 샤워장에서의 일은 차마 말하기가 민망할 정도의

* 고향 죽마고우들과 앙코르 왓 사원 앞에서(오른쪽 세 번째 필자)

사건을 연출하기도 했다. 예부터 손자 예뻐하면 수염 잡힌다는 얘기는 많이 들어봤지만 이번 경우는 그것보다 훨씬 강도가 높았다.

이 글을 읽는 독자들은 아마도 할아버지 바보니 애 버릇을 잘못 들였느니 할 것이다. 그러나 모든 할아버지들의 마음은 이 글을 쓰는 나를 충분히 이해하고 남으리라 믿는다.

노령이라는 불명예의 닉네임을 달고 무임승차 할 날도 이제 10개월 정도밖에 안 남았다. 손주를 둔 할아버지 할머니들의 공통된 생각과 바람은 아마도 비슷비슷 할 것이라 믿는다.

갈수록 힘들어지는 사회 현상 속에서 즐거움을 찾는 일이란 한계가 있다. 더군다나 요즘은 손자는 할아버지 재력에 따라 달라진다는 우스갯소리 같지 않은 말들이 분주하다.

일상을 탈출하고 싶어 어디든 간다고 해서 누구나 즐겁고 다 행복하다고 느끼지는 못 할 것이다. 거기다 정년과 명예퇴직으로 찾아오는 허무감에 열심히 살아온 지난날은 망각되고 백수라는 타이틀을 벗어나보려고 쫓기는 듯 공원으로 출근하는 이 사회 황혼의 할아버지들에게 손자만한 즐거움이 어디 있으며 활력소는 또 어디 있겠는가 말이다.

아직 손자를 두지 못한 예비 할아버지 할머니께 내 친구가 내게 던진 한마디 "너도 손자 낳아봐라."를 전달해 드리면서 꼭 그렇게 되기를 바란다.

푸른 종소리

뒷동산에서 키우던 푸른 꿈
가쁜 숨 몰아쉬며 달려온 잿빛 시간들
겨루고 다투며 차지하려 했던 세상 앞자리
허물 벗은 애벌레 되어 깨달음의 눈이 트이네

올곧음만 좇다
배신에 울분을 토해내며 허공을 차댄 헛발질
다툴 힘마저 앗아가 버린 안개 속을 더듬으며
가슴에 남아있는 동심과 젊음의 조각들을
주섬주섬 빈 항아리에 주워 담는다

하찮은 바람에도 비틀대며 쓰러지던 수많은 날들
오해와 이해라는 보이지 않는 선에 부딪치며
울고 웃어야 했던 여정은 늘었다 줄었다 하는 고무줄놀이
아직도 연습생으로 남아있는 듯 서투른 발길질

등 돌려 따뜻한 가슴으로 맞대고 품어보는 그리움
뒷동산에 묻어둔 꿈은 아직도 나를 기다리겠지
소 모는 아이놈들 붉은 노을 등지고 넘어오던 고개
저녁놀 아궁이에 생솔가지 타는 냄새 농익은 막걸리 향기가
코끝에 매달린다.

외가外家 사랑

– 할머니 간장이 시었어요

어릴 적 있었던 일 중에 가장 또렷하게 기억나는 추억이 하나 있다면 바로 외가 사랑이라고 말 할 수 있겠다. 정확한 나이는 몰라도 초등학교를 들어가기 전이고 보면 아마도 다섯 살이나 여섯 살쯤으로 기억된다. 어린 시절 내가 자라던 고향집과 외가가 있는 동네는 넉넉잡아 20여 리는 떨어져 있었다.

지금은 문 앞까지 자동차도로가 포장되어 있어 불과 20여 분의 거리이지만 그 옛날은 두 고개를 넘고 넘어야 하는 꼬불꼬불한 칠갑산 자락의 산길이었다.

어린 나이의 걸음으로는 두세 시간 정도의 거리는 족히 되었으리란 생각이 든다. 내가 기억할 수 있는 나이에는 외가에 가본 적이 없는 것 같은데 왜 그리도 외가에 가고 싶었던지 어머니를 아무리 조르고 졸라대도 뜻은 이루어지지 않았었다.

당시의 사정은 누구나 다 그랬던 것처럼 어머니 입장에서도 선뜻 친정에 갔다 온다는 소리를 못했던 시절이었다는 것을 성인이 되어서야 알게 되었다. 그러던 어느 날 막내 이모님께서 우리 집에 오셨는데 하루를 묵었다 외가에 간다는 것이었다.

나는 이번 기회에 꼭 나의 꿈을 이루리라는 생각에 마음이 부풀고 속으로 얼마나 좋았던지 밤잠마저 설칠 정도이었으니 지금 생각해도 알다가도 모를 일이었다. 그러나 아침에 일어나보니 내 몸은 열이 나고 컨디션이 아주 안 좋았다. 이마에 식은땀이 흐르고 미열이 있는 것이 감기가 왔던 것이다. 머리가 어질거리는 현상까지 있어 어른들 말씀으로는 다음에 가는 게 좋겠다면서 적극 만류를 하셨다. 아버지께서는 "재가 외갓집 못가서 애를 태우더니 병까지 났나" 보다고 하셨다. 하지만 나는 이 좋은 기회를 놓치고 싶지 않았기에 고집을 부려 결국 이모님과 나는 길을 나섰다. 아픈 몸을 견디며 이모님 손을 꼭 잡고 따라나선 산길은 길고 험했으며 바람이 몸을 스칠 때마다 으스스 추우면서 온몸이 오싹오싹 조여들어 왔지만 다시 돌아가기에는 마음도 몸도 허락하지 않았다.

고개 하나를 넘을 때마다 쉬고 또 쉬어 보지만 체력이 고갈되고 산모퉁이를 돌아갈 때마다 나는 연달아 이모님께 조심스럽게 이제 다 와 가느냐고 묻고 또 물었다. 다리가 아프고 머리에 신열이 나면서까지 외가에 가고 싶은 마음이 어디서 생겼는지 아무리 생각해 봐도 뚜렷한 이유는 생각나질 않는다.

우여곡절 끝에 꿈에 그리던 외가에 도착했다. 집에 들어서자마자 높은 마루가 있는 큰집이 웅장하게 떡 버티고 있고 마당 한가운데에는 한 아름의 배나무가 끝이 보이지 않을 정도의 키로 서 있는 광경은 무슨 대궐 같은 느낌마저 들었다.

인자하신 외할머님의 따뜻한 사랑의 환대를 받았지만 나는 몸 상태가 여전 좋지 않은 터라 저녁 밥상머리에서 평생 나의 트레이드마크처럼 따라다녔던 그 유명한 말 한마디. "간장이 시었네."가 이제는

들을 수 없는 에피소드로 남아 있는 추억이 되었다. 얼마나 가고 싶었으면 아픈 몸을 견디며 갔던 외가의 음식을 그것도 백년을 보관해도 시지 않는다는 짜디짠 간장을 시었다고 말했을까?

60여 년이 지나도록 잊히지 않는 묵은 그리움이 지금 나의 손녀들을 보면서 살며시 떠올라 기억을 더듬어보았다.

내가 외가를 다녀온 얼마 후 그렇게 가고 싶었던 외가에는 외동아들인 외삼촌 한 분이 계셨는데 공부를 시키기 위해서 공주로 이사했다는 소식을 들었다. 결국 그렇게 한 번 가보고 난 뒤로는 외가를 갈 수가 없게 되었으니 처음이자 마지막으로 갔었던 것이 되었다.

외할머니께서는 자식 교육을 위해 교육도시라는 공주로 이사를 가셨다고 했다. 하지만 고향을 떠나 학비 조달할 만한 수단이 없다 보니 이사 후에도 학비를 벌기 위해서 떡 장사 등을 하시면서 자식교육을 했다는 소리를 어머니를 통해서 들은 적이 있다. 이것이 곧 '孟母三遷 指敎맹모삼천지교'가 아니고 무엇이었겠는가? 하는 생각을 하면서 외할머니의 인자하신 그 모습이 자꾸만 떠오른다.

그 후 내가 초등학교 3학년 때 지금의 외삼촌께서는 우리 학교로 교사 발령을 받고 오셨다. 사범학교를 졸업하시고 교사가 되셨다고 했다. 그때 외삼촌께서는 한동안 우리 집에서 계시다가 얼마 후 다른 곳으로 발령을 받고 가셨지만, 우리 학교에 계실 때 문예반을 나에게 권장을 하셨고 3학년 때쯤에는 나의 성적이 가장 좋았던 기억도 난다. 그 뒤 한동안 소식이 없었지만 외삼촌께서는 대학을 졸업하시고 고려대학원에서 문학박사까지 취득하시어 결국 인천 대학교의 교수로 정년을 마치시었다.

* 외삼촌 우쾌제 박사 학위식에(우측 아내)

지금 내가 이런 글을 쓰는 것도 어쩌면 외삼촌의 영향을 많이 받았다는 생각을 해본다. 어머니를 비롯하여 이모님 세 분 모두 안 계시는 외가에는 오직 외삼촌 한 분만이 서울에 사시는데도 자주 찾아뵙지 못하면서 자꾸만 세월만 보내고 보니 죄송한 마음만 가득하다.

내가 이랬듯이 수원에 사는 외손녀들이 외가인 우리 집에 오는 것을 가장 1순위로 꼽으면서 외할머니의 사랑을 독차지하다 보니 명절에 친가에 가서까지도 외할머니 이름을 부르면서 보고 싶고 가고 싶다는 말을 친가 할머니 앞에서 서슴없이 하여 민망할 때가 많았다는 딸의 말을 전해 들으면서 나는 한편 흐뭇하면서 이해가 될 것 같다는 생각을 해본다.

코로나로 인해 이번 추석은 못 왔지만 며칠 전에 와서 하룻밤을 자고 가니 나의 마음도 손녀들의 마음도 다소나마 갈증이 해소되고 서로가 기분이 좋았던 하루이었다. 그러나 언제나 작별은 아쉬웠다. 손녀들은 더 묵어가고 싶은 마음에 눈가에 이슬이 맺혔다.

4부

위대한 존재

-산중호걸이라 하는 호랑님의 생일날이 되어
각색 짐승 공원에 모여 무도회를 열었네

고향집 바로 앞에 교회가 들어선 지도 어언 30여 년이 지난듯하다. 우리 마을에 처음 들어왔을 때의 교회는 동네 텃밭을 빌려 천막을 치고 예배를 보곤 했었는데 그때부터 지금까지의 기간은 아마도 5~60여 년은 된 것 같다.

자동차 길도 없는 칠갑산 자락의 농촌마을에 교회라는 예배당이 처음 들어오다 보니 갑자기 동네가 어수선하고 술렁이면서 이런저런 소문이 나돌았다. 어른들 말씀으로는 우리 동네는 교회가 안 될 거라면서 아주 부정적 여론이 많았었다. 하기야 종교라고는 민속신앙을 믿는 사람들과 가끔씩 멀리 떨어져 있는 절에 갔다 오는 소수의 마을사람들이 있을 뿐 기독교를 믿는 사람은 불과 몇 명에 지나지 않았었기 때문이다.

전도하는 전도사님의 권유도 있었지만 우리 또래 아이들은 너나 할 것 없이 잔뜩 호기심이 생겨 교회로 몰려가 유치부에 편입되어 일요일엔 교회를 나가 찬송가와 율동을 배우는 재미로 신나했었다.

그때 배운 산중호걸이라 하는 호랑님의 생일날이 되어 각색 짐승 공원에 모여 무도회를 열었네. 이 찬송가를 배운 지도 5~60년이나 지났는데 아직까지 기억이 생생하다. 또래 아이들이 많아 자그마한 천막 안은 앉을 틈도 없을 정도였었다. 부정적으로 생각했던 어른들 말씀을 뒤로 하고 나름 부흥이 되어 명실공이 인양침례교회가 뿌리를 내리는 듯 했었다. 하지만 선교활동과 봉사로 많은 칭찬과 호응을 얻었으면서도 부흥에는 한계가 있었다.

전도사님께서는 눈물을 머금고 10여 년을 가꿔온 교회를 떠나시고 말았다. 후임 목사님의 부임이 몇 년 동안 늦어지다 보니 결국은 교회 문을 닫고 말았다.

청년부의 봉사로 흙벽돌을 찍어 말리고 쌓아가며 성전을 짓고 산에 가서 아름드리 소나무를 베어다 종각을 세우며 비가 올 때면 밤새 공사현장을 지키며 세웠던 그날의 성전이 모두가 떠난 후 한동안 빈 막사로 흉물스럽게 동네 입구에 남아있었다.

몇 년이 지난 후 교회의 흔적이 사라진 뒤 어느 날 감리교 재단이라면서 또 다른 교회가 우리 마을에 들어서게 된 것이 지금의 고향집 앞에 우뚝 선 인양감리교회이다.

마을에서 없어서는 안 될 봉사와 능력을 갖추신 목사님의 인도하심에 꾸준하게 이어오는 우리 동네 교회는 예배당이면서 경로당이고 어른들의 쉼터이기도 한 지금의 교회는 마을 분이 기부한 텃밭에 가건물로 몇 년 동안 지내오다 30여 년 전에 지금의 신축성전으로 재탄생하게 되었다.

내가 태어난 고향 동네는 뒤에는 병풍처럼 둘러쳐진 산이 있고 앞에는 금강이 흐르는 배산임수背山臨水의 전형적인 농촌마을이다. 60년대 이전만 하더라도 한여름 장마철에는 금강물이 마을 앞끼지 넘실거려 그 넓은 들녘의 곡식을 송두리째 쓸어가 버리는 흉년으로 누구나 할 것 없이 보릿고개의 시련을 겪어야만 했었다. 그러다 정부의 치산치수治山治水 사업으로 금강제방을 쌓으면서부터는 갈대밭과 풀밭이 기름진 옥토로 변하면서 군내에서 가장 부자동네라고 할 정도로 변했다.

마을 앞까지 물이 밀려올 때면 사람들은 용산 고개로 나와 아쉬운 마음으로 바다 같은 황톳빛 물을 바라보며 한숨짓는 모습이 눈에 선하다. 이 고개가 마을에서는 가장 많이 이용하는 큰 고개 역할을 하는 용산 고개이다.

외부에서 큰 동네로 들어오려면 서쪽에서는 이 고개를 반듯이 거쳐야 하는 관문이기도 했었는데 아주 어릴 적 그 고개는 혼자는 지나다니기가 꺼림칙한 무서운 고개였다. 몇 아름의 참나무와 느티나무가 웅장함을 느끼게 서 있을 뿐만 아니라 바로 고개 밑에 서낭당이 만들어져 있었기 때문이었다.

외부에서 들어오는 액이나 질병 재해 등을 막아주는 마을의 수호와 인간의 현실적인 생계문제 등의 해결을 위해 서낭당에는 지나는 사람들이 하나둘 던져 모아진 기원의 돌무더기와 언제나 울긋불긋한 헝겊 조각이며 가끔씩은 떡시루나 촛불 흔적들이 남아있는, 동네에서 유일했던 서낭당이 있던 고개이기도 했었다.

지금은 그 고개가 낮아지고 주변에 집들이 지어져 있어 그때의 분위기는 물론 흔적조차 찾아보기 힘들지만 한때는 민간신앙의 중심이었다. 서낭당이 사라진 후로는 고갯마루의 풍성한 그늘로 인해 여름의 피서지마냥 마을사람들의 휴식공간이면서 소통공간이기도 했었다.

고향에 대한 묵은 추억을 반추해 보았지만 사실은 정작 내가 쓰려고 하는 것은 지금까지 면면히 이어온 교회의 안타까운 현실을 말하고 싶어서이다. 왜냐하면 어느 농촌도 마찬가지이지만 문제의 핵심은 농촌에는 젊은 사람들이 많이 없다는 것이다.

교회의 신도 구성원을 보면 주로 할머니들이 대부분인데 해가 갈수록 신도가 줄어들기 때문이다. 물론 나의 어머니께서도 교회의 권사님으로 계시다 하느님의 부르심을 받고 돌아가셨지만 한 해 한 해 갈수록 빈자리가 많이 늘어난다는 사실이 고향에 갈 때마다 느끼는 안타까움이다.

성전을 짓기 위해 십시일반 건축헌금으로 지어진 인양감리교회가 찬란하게 빛나는 성전으로 유구한 역사와 영원하게 길이 남기를 기원한다.

유모차

하나님의 음성이 잠을 깨우는 새벽녘
엄니는 늙은 유모차에 기대어 푸른 종소리 따라 어둠을 뚫는다
등짝 한 번 펴지 못하고 일해 온 지 한평생
화석처럼 굳어져 튀어나온 등뼈가 별빛에 반짝인다

더딘 발걸음을 지팡이 하나에 의지하던
구부러진 엄니의 무게 중심이 언제부터인가
유모차로 옮겨 갔다

일요일 성전 주차장에는 엄니들이 끌고 온 중고차들
잘 나가던 한때의 화려함은 온데간데없고
햇빛 가리개마저 찢기고 찌그러진 낡은 몸뚱이는
서로를 의지하며 감추고 지켜오던 지난날의 속내를 더듬는다

오줌똥 지리며 더덕더덕 손때 묻은 중고차
울퉁불퉁 비탈길 비 젖은 골목길도 무사고 운전하던
최고의 운전사이었던 엄니들
어느 날 마당에 중고차 한 대가 보이질 않는다
성전 안의 외로운 방석 하나 고개 숙인 채 서글피 운다.

월동준비

단풍의 전시회가 끝날 무렵, 11월은 가을 이별여행이 시작되면서 겨울손님 맞기에 여념이 없는 전통시장이 뭐니 뭐니 해도 제일 붐빈다. 이때쯤이면 누구나 할 것 없이 월동준비에 몸도 마음도 바빠진다.

도시나 농촌 할 것 없이 겨울의 주 반찬인 김치 담그는 일이 가장 큰 일이기도 하다. 대부분 농촌에는 나이 많으신 부모님 두 분만이 계시거나 혼자 계신 경우도 많지만 김장만큼은 대가족 김장을 하게 되는 경우가 있는데 이는 도시로 나가 사는 자식들 몫까지 챙기는 부모님의 내리사랑이 지극하기 때문이 아닌가 싶다.

많던 적던 김장은 혼자는 하기가 힘든 작업이다 보니 시골 고향에서는 김장 품앗이가 생겨나 서로가 돌아가면서 김치를 담근다. 김장을 하는 날에는 시끌벅적한 것이 꼭 잔칫집 분위기 같이 푸짐했던 기억이 생생하다.

일이 끝나고 나서의 간식으로 가마솥에 푹 삶아 낸 뜨끈뜨끈한 돼지고기 수육에 바로 버무린 겉절이 하고 남은 굴까지 곁들여 막걸리 한잔하고 나면 힘든 하루의 피로가 싹 날아가 버리는 즐거움이 싹텄던 전통의 풍습들이 묵은 그리움으로 새록새록 떠오른다.

그 맛과 멋이 살아 숨 쉬던 김장하는 날의 기억은 이제 먼 추억으로만 남아있을 뿐 짭조름한 어머님의 김치 맛을 잊은 지 오래이다.

어머님이 안 계신 후로는 김치 담그는 일이 큰 부담으로 다가왔었지만 정 많은 집안 아주머니께서 가끔 담아주시기도 하고 때로는 집 앞에 있는 교회 목사님 사모님께서도 김치를 담아서 한 통씩 주시다 보니 겨울김장은 크게 신경을 안 쓰면서 맛있는 김치를 먹을 수 있었다. 그러나 세월이 흐르면서 그분들도 연세가 드시고 건강이 안 좋다 보니 더 이상 수고로움을 드리지 말아야 하겠다는 심정으로 김치를 얻는 것 보다는 우리가 직접 담가보아야 하겠다는 생각을 하던 차에 우리가 사는 신림동에서 멀지 않은 광명의 고향 친구가 매년 김치 한 통씩을 전해왔다. 그 친구는 몇 년 전부터 상당히 큰 밭을 지인으로부터 위탁받아 배추며 무 그리고 고추 같은 작물을 재배하면서 가을걷이가 끝나고 나면 고구마, 고추 등을 한 보따리씩 주곤 하는데 거기에 더하여 배추김치 한 통에 동치미며 깻잎김치까지 담아주는 친구 부부가 있어 참으로 다행한 일이며 감사한 일이 아닐 수 없다.

올해에도 직접 집으로 와서 김장을 함께 담그자는 제안을 해 왔지만 코로나의 극성 때문에 포기했다. 그것뿐이 아니라 일산에 사는 사돈댁에서도 김치 한 통씩을 주시다 보니 이제 김장을 한 집보다 안한 우리 집 냉장고가 꽉꽉 채워져 있어 안 먹어도 배가 부르고 뿌듯하기까지 하다.

남의 손맛의 김치만을 계속 먹었으니 이제 우리도 김장을 직접 담가서 김치냉장고를 한번 꽉 채워보면 좋겠다는 생각으로 수소문하여 절임배추 세 박스, 열다섯 포기를 시켜 처음으로 김치 담그는 일에 도전을 했다. 뭐니 뭐니 해도 겨울에는 김칫독과 쌀독에 김치와

쌀이 넘쳐나고 모퉁이에 장작이 가득 쌓여져 있는 월동준비가 되어 있어야 마음이 놓이고 뿌듯한 것은 예나 지금이나 불변의 진리가 아닌가 싶기도 하다. 이런 생각은 아마도 50~60년대에 태어나 보릿고개를 겪은 세대만이 생각할 수 있는 전매특허인지도 모르겠다.

김장을 하는 날은 여느 때보다 일찍 일어나 우선 물이 빠진 절임 배추를 옮겨놓고 채칼로 큰 무를 채 써는 일과 마늘 찧은 일, 파나 생강 까는 일 등 양념 손질하는 일이 가장 힘이 들고 시간이 많이 걸린다. 정작 힘과 기술이 필요한 것은 골고루 비율에 맞춰 양념 버무리는 일이 하이라이트라 할 수 있겠다.

한 사람은 간을 보면서 부족한 양념을 추가하면서 제대로 배합이 잘 되었다고 생각되면 그때부터 배추에 속을 채워나가면 김치 담그는 일의 반은 끝나게 된다.

올해 4인 가족 김장 가격이 40만 원 정도 들어가는 것으로 매스컴에서 보도되었지만 금액보다는 과정이 복잡하고 정성이 더 중요하다는 것을 직접 해보니 실감이 났다.

그렇게 처음 시도한 김치를 얼마 후 시식을 하고 겨울 동안 먹으면서 우리 부부는 자화자찬을 했을 정도로 뜻밖에도 맛이 좋았다. 김치 맛이 좋으니 밥맛 또한 좋지 않을 수가 없었다. 처음부터 끝까지 내 손으로 했다는 자부심과 하면 된다는 긍정의 힘이 생긴 것이 가장 큰 보람이었다.

지금은 아이들이 다 결혼을 하다 보니 김장에 대한 신경을 많이 안 쓰지만 그래도 먹든 안 먹든 김치는 채워져 있어야 마음이 푸근한 것은 어디 나 한 사람 뿐이겠는가 하는 생각을 해본다

김치를 담그는 과정이나 양념 배합은 지방마다 다소의 차이가 있어 김치 맛도 조금씩은 다르다는 것이 특징이다.

김치를 담그는데 제일은 배추의 질이 좋아야 하는 것은 물론이고 그 다음으로는 양념 배합인데 내 경우로는 13가지 정도의 양념이 들어가는 것을 확인할 수가 있었다. 양념을 어떻게 얼마의 비율로 배합을 잘 해야 맛있는 김치가 된다는 사실은 많은 경험으로 터득할 수 있는 기술이라 하겠다. 이런 배합 노하우는 기본적인 수치의 표준이 있는 것도 아니기에 김장은 순전히 촉과 눈대중 손맛이라는 점을 알 수 있다.

요즘은 김치를 많이 먹지 않는 탓도 있겠지만 손쉬운 홈쇼핑이나 마트에서의 구매로도 가능하다는 생각 때문에 젊은 부부들은 김장에 별로 신경을 안 쓰는 것 같다. 그렇다 보니 이런 틈새를 비집고 들어오는 중국·일본에서는 김치종주국이 자기네 나라라고 우겨대며 요상한 이름을 붙여 떠들어 대는 경우를 생각해 보면 김치 담그는 일을 너무 간과해서는 안 되겠다는 생각을 갖게 한다.

우리 고유의 김장 김치가 2013년도에 세계유네스코 지정 인류무형문화유산으로 등재되었고 김치종주국이라는 자부심이 있는 김치를 매일 밥상에서 마주하는 우리로서는 김치와 김치 담그는 문화를 잘 살려나가는 것이 김치종주국으로서의 자세이고 자부심을 높여나가는 길이 아닌가 싶다.

신병新兵 교육대

배추부대가 온몸에 소금을 주렁주렁 매달고 비틀대며 들어선다
몸집 큰 무가 잘난 체하며 채칼에 매달리어 제 몸을 깎는다
빨간 눈을 부릅뜬 고춧가루 부대가 사정없이 뿌려대니
맵다고 소리치며 배 즙이 재채기를 한다

희멀건 몰골의 다진 마늘이 으스대며 거드름을 피우니
생강이 한마디 나 없이는 안 된다고 소리치는 틈에
팔딱거리는 생새우가 쪼그라진 새우를 엎고 달린다

갓 쓴 선비가 파 지팡이를 휘두르며 호령하는 차에
잘난 체하지 말고 비굴하게 살지 말라고 굴이 폼 잡으니
너희들끼리는 안 될 거라고 소금이 제 몸을 던진다

부딪치고 뒹굴어 봐도 자존심 강한 신세대들
뭉쳤다 흩어지고 다시 뭉쳐보지만
하나 된 힘 안 나온다고 제각각 말다툼한다

보다 못한 멸치 대장이 끈적끈적한 액젓을 뒤집어씌우고
선착순 뺑뺑이 돌리기와 뒤집기를 수십 번 한 끝에
비로소 얽히고설키며 하나 된 몸으로 진한 향기를 문지른다

부드러운 속살에 빨간 옷을 입혀 통 속에 차곡차곡 쌓을 때면
개성 강한 신세대들 혼자는 안 된다는 교훈을 얻으며
편안했던 어머니 손길에 고마움을 느끼는 하루해가 저문다.

뒤안길

우리는 세상을 살아오면서 예상치 못한 일들로 고뇌하고 고통 받고 더 나아가서는 좌절감마저 들 때도 있는 것이 삶의 여정이다. 한동안 자괴감에 시달리다 보면 삶에 대한 행복지수가 낮아지면서 의지가 흔들리는 경우가 있다.

가끔씩 날아드는 슬프고도 착잡한 소식은 바로 같은 또래의 친구나 지인의 부고장이 아닌가싶다. 심신이 미약해지고 삶의 활선마저 느슨해지는 것은 아마도 나이 탓도 있겠지만 그것보다 더 큰 이유는 이미 성인질환을 안고 사는 경우에는 더욱 그러할 것이라 본다.

남의 일이면서 남의 일 같지 않은 현실을 받아들여야 하는 상황이 자주 도래할수록 마음은 아프고 불안과 우울감에 하루가 착잡해지는 때가 요즘 들어 부쩍 늘어났다.

언제부터인가 쉽게 하는 말로 지금은 100세 시대이니만큼 인생은 70부터라고들 한다. 물론 아주 일리가 없는 것은 아니겠지만 나의 생각은 그런 말들은 자기 위안이나 자기 최면을 거는 미사여구에 지나지 않는 말로 생각되어진다. 어찌 되었건 칠순七旬의 나이에 접어들다 보니 지나간 세월이 어쩜 이렇게도 빨리 흘러갔나 하면서 살아온 뒤안길을 더듬어보게 된다.

* 멈추지 않는 열정

1925년 노벨 문학상을 수상한 영국의 극작가 조오지 버나드쇼의 묘비명에 이런 글이 있다 한다. '우물쭈물 하다가 내 이렇게 될 줄 알았네.'라는 묘비명은 영국에서 가장 인기 있는 묘비명으로 사랑을 많이 받는다고 한다. 해석이 분분하기는 하지만 어찌 되었건 의미와 유모가 감동적인 것은 틀림없는 듯하다.

건강은 건강할 때 지켜야 된다는 말을 수없이 들어왔지만 그렇게 실천하기까지는 여간 힘든 일이 아님을 누구나 느낄 것이다. 나만큼은 예외일 거라는 자만에서 오는 경솔함 때문에 이미 나는 우물쭈물 하다가 건강에 이상을 안고 살아온 지 오래되었다. 건강을 지키지 못한 자책 때문에 지금까지는 절제와 노력으로 최선을 다하여 관리를 하다 보니 50대부터 70의 나이까지 병과 친구 되고 약과 동업하면서 살아오고 있다. 때론 슬픔에 잠기어 많은 고뇌와 좌절의 길목에까지 다가갔었지만 지금은 아무런 제약도 받지 않으면서 인생은 70부터라는 즐거운 마음으로 심신을 단련하면서 즐겁게 살아가고 있다.

사구체신염이라는 지병은 완치가 안 된다는 신장병 중의 하나이다. 약과 음식으로만 억제하면서 적당한 운동이 필수 조건이라 한다. 그러다보니 중반 이후의 삶은 그야말로 우물쭈물 허송세월만 보낸 것 같은 느낌에 아쉬움이 크고 때 아닌 회한이 몰려온다.

20년 동안 질환과의 싸움은 맑은 날 흐린 날의 연속이었기에 지금까지 운동은 놓지 않고 꾸준하게 해왔다. 헬스장을 다니고 산악회를 다니면서 육체를 단련하고자 하는 집념은 이제 선택의 권리가 아닌 의무가 되어버렸다. 그러다 산행에 무리가 되어 병이 재발하기도 하였고 넘어져서 무릎 인대가 늘어나는 큰 상처를 입기도 했다. 발목을 접질리는 건수는 수없이 많았지만 치료하고 또 다니면서 운동이 없이는 내 몸도 없다는 생각으로 지금까지도 꾸준히 일과처럼 하고 있다.

사람들은 내게 운동중독이라면서 곱지 않은 시선을 주기도 하는데 어느 날 오랫동안 인연을 맺고 지내오던 지인들이 자전거 타는 것을 권장하기에 처음에는 거절을 했지만 가까이서 지내는 한 동생이 아예 자전거까지 사주는 바람에 빼도 박지도 못하는 처지가 되었다.

가장 초보자인 나를 비롯하여 5명의 멤버가 자전거 타는 것에 한동안 심취했었다. 멤버 중에 서울시 사이클 대회에서 우승을 한 선수가 있다 보니 자연스럽게 팀이 짜여졌다. 내가 자전거를 배운 지는 꽤 오래되었지만 몇십 년을 안 타다 보니 서툴 뿐 아니라 따라다니는 것 자체가 불가할 정도의 실력이었다.

따뜻한 봄날 한강변을 목적지로 하고 집 근처 도림천에서 출발하게 되면 나는 언제나 30분 정도를 일찍 출발하여 몇 번씩을 쉬면서 한강 합수 13킬로미터 지점에서 만나는데 처음에는 나 때문에 장거리를 못 가곤 했었다. 그러던 어느 날 자전거를 올라타려는 순간 중심을 잃으면서 왼쪽 발목이 꺾이는 큰 부상을 입었다. 집에서 병원까지 어렵게 갈 정도로 통증이 심했었다. 깁스를 하고 일주일을 입원하다 나왔는데도 한동안 목발을 짚고 다닐 정도이었으니 자전거 한번 타보려다 회복 불가능한 발목인대까지 끊어지는 사고를 당하고 말았다. 지금도 발목에 후유증이 남아 걸음걸이가 온전치 못하고 불편하다.

하지만 조금씩 연습을 계속한 나머지 1년 만에 멤버들과 왕복 70킬로미터가 넘는 일산 호수공원까지 갔다 오는 쾌거를 이뤘다. 지금은 일주일에 한두 번 정도를 하루에 4~50킬로미터 정도를 타면서 몸의 균형을 맞추려고 노력한다. 자전거를 타보려다 다친 불편함을 자전거 타는 것으로 승화시켜 나가야 한다는 오기가 생긴 것이다.

지금은 코로나의 확장으로 인해 헬스장에서 운동도 할 수 없기에 더욱 그렇기도 하지만 운동을 하지 않으면 모든 근육이 감소되는 현상이 급속도로 오기 때문에 가능한 한 움직여줘야 하는 것이 필수라는 생각이다.

치매를 위해 배우고 즐거움을 위해 여행 가고 혼자라는 외로움 때문에 모임도 하면서 바쁜 척 살아가지만 이미 경제활동마저 중단한

지 오래이고 보면 젊은 날의 바쁨과는 비교가 안 되는 분주함뿐이라는 사실이다.

우리가 살아가는데 운동은 필요불가결必要不可缺인 동시에 또한 과유불급過猶不及인 것이다. 우여곡절이 많았던 운동의 경험으로 보면 자전거 타는 운동은 허벅지 근육과 종아리 근육을 키워주는 대신 엉덩이 근육이 빠지는 결점이 있음을 알 수 있다. 엉덩이 근육을 키우고 허벅지 근육을 보강하기 위해서는 헬스장에서 하는 스쿼트란 운동이 있지만 이것은 누구나 다 할 수 있는 운동은 아니다. 집에서 누구나 할 수 있는 운동으로는 쪼그려 앉았다 일어나기 반복 운동이 아주 효과적이라 하겠다.

또한 무릎이나 다리의 유연성과 심폐기능 강화를 위한 유산소 운동으로는 뭐니 뭐니 해도 걷기 운동이 최고라는 사실은 누구나 알고 있다. 매일 걷기 운동만 제대로만 해도 많은 질병을 이길 수 있다는 전문가의 조언을 인용하지 않더라도 걷지 못한다면 아무런 운동도 할 수 없기 때문이다.

음식을 먹는데도 영양소의 균형이 필요한 것처럼 몸의 균형을 맞춰나가는 것이 가장 중요하다는 것을 간과해서는 안 되겠다.

서로가 하기 나름

몇 년 전 모 종편방송 프로에서 고부간 갈등을 주제로 다루었다. 휴가를 함께 가는 것에 대해 시어머니와 며느리 입장을 대변하던 어느 방송인이 한 말 중에 시댁식구와는 평생 한번, 친정식구와는 평생 두 번이라는 화두를 던져 크게 이슈화된 적이 있었다. 아마도 단순 비교나 인터뷰를 조사한 근거를 가지고 말했다고는 하지만 그것이 전부일 거라고는 생각하지 않는다.

그렇다 보니 요즘 휴가철에 가장 유행되는 화두로 떠올라 휴가 얘기만 나오면 그 말들이 무슨 공식인 양 인용하면서 핑계 아닌 핑계로 친목과 가족화합을 그르치는 경향이 커져가는 듯하여 참으로 안타까운 마음이 든다. 물론 자주 가는 것이 그렇게 바람직스럽지는 않다 하더라도 대중적 인기를 업고 사는 여성 패널로 나온 연예인과 방송인들의 자기중심적 사고만으로 그렇게 단편적 결론을 내리는 것은 공익을 우선해야 하는 대중매체로서는 부적절하다는 생각이 들었다.

아무리 변화하는 시대적 현상이라 해도 아직까지는 우리나라가 자랑하는 전통적 가치관 정도는 지켜가면서 세심한 배려와 판단으로 말하는 것이 옳지 않았을까 하는 생각이다.

휴가라는 특수성이란 점에서 일시적 현상일 수는 있겠지만 그로 인하여 효의 근본과 대가족의 붕괴를 가속화시키는 이슈가 되어서는 안 되겠다는 것 외에도 현실적으로 고부간 갈등이나 가족 화합에 있어서 아무런 도움이 안 된다는 생각이 든다. 더군다나 방송매체의 위력을 감안할 때 더 좋은 화두로 가족화합과 젊은 현대인들의 감성을 파고드는 유익한 정보나 지식을 전달하는 매체가 되었으면 하는 바람에서 아쉬움이 컸었다.

나이든 부모 입장이라서가 아니라 무슨 말이든 합리적인 추론을 내세워 편협하게 어떤 틀을 정하는 것 자체는 조금은 부담스럽다는 생각이다. 경우에 따라 분위기에 따라 평생 한 번도 못 가는 경우도 있을 수 있고 1년에 한 번씩 가는 경우도 있을 수 있겠지만, 함께 가는 휴가라 해서 다 좋아하는 것은 아니라는 점을 간과해서는 안 될 거라는 생각이다.

평생 시댁과는 한 번, 처가와는 두 번이라는 이런 얘기는 찬반 의견이 다를 수 있겠지만 요즘 젊은이들의 처가에 대한 애정이 생각보다 훨씬 각별하다는 것을 생각해 보면 이런 말은 현실인식의 부족에서 오는 것은 아닐는지 하는 우려를 해 본다.

아들 입장에서 보면 친부모는 믿거니 하고 소원해질 수도 있겠고 처가는 이런저런 이유로 다르게 생각되어지는 경우를 종종 볼 수 있다. 그저 아내가 좋아서 하는 경우와 또는 외동딸인 경우에는 처가의 부모님들의 봉양과 외로움을 달래주고자 하는 효심의 발로에서라는 좋은 뜻도 있겠지만 어쨌거나 요즘 신세대들의 처가사랑은 참으로 대단하다는 생각이 든다.

옛 속담에 '화장실은 가까워야 되고 처가는 멀어야 된다'는 말은 이제 흘러간 옛 노래가 되어버린 셈이다. 또한 '마누라가 예쁘면 처가 말뚝에 절한다.'라는 말은 예전보다 더욱 빛나는 현시대의 사조가 되어가는 듯하다. 한 가정에 잘 해야 하나나 둘밖에 안 낳는 출산 감소와 맞벌이 부부가 많다는 점이 가장 큰 변화 요인이라고 봐야 할 것이다. 가까우면 가까울수록 좋은 처가, 시댁은 멀면 멀수록 좋다는 그런 사고는 아마도 이제는 아닌 듯싶은데 유독 휴가에 대한 견해만 다르다는 것에는 동의하기가 좀 어렵다는 생각이 든다.

올해도 어김없이 휴가철은 다가왔다. 가면 고생이고 안 가면 허전한 것이 휴가이고 보면 어딘가에는 갔다 와야겠다는 생각을 하게 된다. 하지만 딸네 가족이든 아들네 가족이든 부모가 먼저 휴가를 제의해 가기는 좀 부담스럽다. 그렇다고 아이들이 함께 가기를 간절하게 바라는 것 또한 아니다. 그저 우연치 않게 마음이 통하여 동행하게 된다면 금상첨화이겠지만 아직까지 이런 일은 없었다. 그렇다고 아쉽거나 서운하다는 생각을 해 본적도 없다. 서로 제각각 편안한 대로 생활하는 것이 최고의 배려이고 사랑이 아닌가 싶다.

아이들 남매가 결혼한 지 10년이 되었지만 어느 한 집과 여행이나 휴가를 가본 적은 없고 아들·딸 남매 가족과 한두 번 가본 경험은 있다. 그러던 중 아들 내외가 제안을 해 와서 며느리 친정 사돈댁과 함께 제주도를 갔다 온 적이 있었다.

며느리 친정 부모님께서는 오직 무남독녀 외동딸이다 보니 손자도 달랑 하나밖에 없다. 손자와 함께하자는 것에는 무조건 오케이다. 제안을 받고 좋아하시면서 우리는 그 어렵다는 사돈댁과 함께 2박 3일의 제주도 여행을 떠났다. 금지옥엽 오직 하나뿐인 세 살배기 손자와 함께한다는 것만으로도 사돈댁 어른들과 우리 부부는 더없이 좋은 계기라는 생각으로 즐거운 마음으로 제주공항에 도착하였다.

세 살배기 손자가 가보는 첫 여행은 아마도 모든 사물이 신기하고 환상의 세계인 듯 가는 곳마다 기발한 아이디어와 어른스런 감성으로 우리를 폭소의 수렁에서 빠져나오기 어렵게 만들었다. 또한 외할아버지와 친할아버지 사이를 요리조리 줄타기하면서 어느 편에도 서지 않는 지혜로움으로 애간장을 태우기도 했다.

× 손지 입학식에 사돈 분과 함께

이번 제주관광은 민속촌이나 자동차박물관 같은 손자가 좋아하는 스케줄에 맞춰졌다. 언어들을 하나하나 다 기록하기 어렵겠지만 난생처음 비행기를 타본 손자의 표현들은 하나의 시어나 다를 바 없이 무수히 많은 언어를 창조해 냈다. 아쉬움을 뒤로 하고 2박 3일의 제주여행을 마치고 돌아온 우리는 아이들 결혼 4년 만에 사돈네와 함께 성산 일출봉 앞 민박집에서 숙식을 함께한 이번 여행이 어쩌면 파격이면서 멋있는 여행이었다는 생각을 해본다.

그때의 즐거움으로 사돈과의 서먹함을 떨쳐내다 보니 그 뒤로는 일 년에 한두 번 만나는 것은 물론 수시로 명분을 만들어 맛있는 음식을 먹으러 다닐 수 있는 아주 가까운 관계로 발전해 가고 있다.

주변의 친구들은 우리의 사돈 관계에 대해 부러워하기도 하지만 올해는 코로나로 인해 서로가 조심하다보니 자주 못 만나다가 겨우 10월에 한번 만나 이동 갈비를 먹으러 가기도 하였고 코로나가 한풀 꺾이면 다시 만날 것을 약속까지 하는 관계로 발전했으니 이 어찌 서로 하기 나름이란 말을 하지 않을 수 있겠는가?

이 글을 쓰면서 딸네 가족과 사돈께는 송구한 마음이 들지만 이 또한 우연한 기회가 오면 충분히 가능한 일이라 믿는다.

어찌 보면 다 같은 자식 다 같은 부모일 텐데 어렵고 서먹한 사돈 관계란 아마도 지금까지 고착되어온 고정관념이라는 생각을 해 보면서 만남은 인연이고 관계는 노력이라는 말처럼 생각하기 나름이고 서로가 하기 나름이라는 것을 말하고 싶다.

동행

흔히 쓰는 '첫 단추를 잘 끼워야 한다.'라는 말은, 무엇이든 시작이 중요하다는 여러 의미가 담겨져 있는 격언이다. 처음 시작을 어디에서 어떻게 어떤 일을 하면서 살아가느냐에 따라 삶의 방향이나 높낮이가 달라질 수도 있다는 의미일 것이다.

관악산은 서울과 과천 안양의 도심에서 가장 가깝게 있으면서 아주 높지도 않고 낮지도 않은 632미터의 바위산으로 웅장하면서도 한편 아기자기한 모습이다. 서울 시민들의 많은 사랑을 받으며 명실공이 수도권에서 오악 중 하나인 명산임이 분명하다.

사계절의 풍광이 한눈에 보이는 관악산의 정기와 호연지기를 품으며 산행을 하던 그 산자락 끝 신림동에 자리를 잡고 살아온 지도 어언 40년이 흘렀다.

지금까지 살아온 삶의 여정을 돌이켜보면 시작이 끝이 되고 끝은 시작의 결과로 매듭지어진다. 거처를 옮길 수 있었던 찬스와 기회가 한두 번 있었지만 이대로 눌러앉아 살다보니 어느덧 40년의 세월이 흘러갔다.

40년 전의 관악산은 그야말로 한낱 바위산에 불과했었다. 한쪽 정상에서 반대쪽 능선을 바라보노라면 맞은쪽 산의 풍광은 물론 울긋불긋한 등산복 차림의 선남선녀들의 모습까지 훤히 보일 정도로 숲은 허술했었다. 등산로 또한 다듬어지지 않은 그냥 험한 바위 산길이었다. 거기에다 등산객이 아닌 행락 인파가 여름철만 되면 계곡 물가로 몰려들어와 삼겹살 파티에다 가무까지 등장하는 진풍경이 한때 유행했던 시절도 있었다.

여름철이면 인파가 넘쳐나 자리다툼까지 벌이는 일까지 있었으니 지금 생각해 보면 상상도 안 가는 광경의 추억이라 하겠다.

나도 예외 없이 휴일만 되면 청바지 차림으로 배낭 하나 걸쳐 메고 친구와 함께 산을 휘젓고 다녔었다. 젊은 연인들은 산중턱의 널따란 마당바위에 자리를 펴고 기타 치고 노래하며 음식을 나눠먹기도 하던 즐기는 공간이기도 했었다.

제대를 하고 혼기가 찬 나로서는 그 모습이 너무 아름답고 부러웠었다. 결국 지금의 아내와 사랑을 키워 왔던 곳도 역시 이곳 마당바위이었다. 널따란 마당 바위는 삼삼오오 짝을 지은 선남선녀들의 파티장이나 다름없었으니 그 시절에 젊은이들의 놀이공간이 얼마나 열악했었는지 짐작하고 남음이 있지 않은가?

그 사랑의 결실로 관악산 자락의 신림동에 터를 잡아 남매를 낳아 기르면서 때론 대학 교정의 잔디밭에 자리를 펴놓고 쉬면서도 내심으로는 국내 최고의 서울대학교라는 인식을 아이들에게 자연스럽게 심어주려는 내재된 마음이 있었다.

산행을 하면서는 기초체력의 중요성과 자연에 대한 소중함을 몸소 체험할 수 있도록 교육적 시간을 갖기도 했었던 산이기도 하다.

'10년이면 강산이 변한다.'라는 속담처럼 40년이 흐른 지금의 관

* 정상 정복

악산은 상상도 못 하리만큼 많은 변화를 가져왔다. 산은 산이되 공원의 향기가 물씬 나는 서울 시민의 휴식 공간으로 탈바꿈되었다.

녹색의 장막을 드리운 듯 빼곡하게 들어찬 울창한 숲과 정문을 지나면서부터는 잘 가꾸어진 등산로와 소나무 숲과 단풍나무 등의 각종 나무들로 조성되어 있고 길옆 화단의 들꽃들은 형형색색으로 봄의 향연을 벌이는 축제의 장을 연상케 하는 아름다운 둘레길로 단장되었다. 하지만 둘레길 외에도 관악산의 등산로는 갈래갈래 많지만 그중 가장 인기 있는 산행 코스는 가장 높은 연주암의 연주대와 칼바위 삼막사 등이 으뜸이라 할 수 있다. 이런 쾌적성과 편리성에 공감하면서 지금껏 살아오고 있다.

어떤 지인은 관악산이 있어 떠나기 싫다는 얘기도 한다. 이런 신림동에는 특별한 랜드 마크는 아니지만 관악산과 서울대학교라는 큰 이미지가 지역의 상징으로 자랑거리라면 자랑거리이다.

그러나 가장 민감한 부동산 문제에서는 타 지역에 비해 우월적인 내용이 없는 것은 예나 지금이나 크게 변함이 없다. 사법고시 폐지로 인한 고시촌의 쇠락은 낙후지역이란 이미지를 더욱 가중시킨다는 평을 듣는 것 또한 아쉬움으로 남는다. 애초 꿈꿨던 나의 소망은 이루지 못했지만 아이들이 서울 소재의 명문대를 졸업하는 것으로 만족해야만 했다.

남매 모두 좋은 직장과 좋은 짝을 만나 아들딸 낳아 열심히 잘 살고 있으니 이것만으로도 자부심과 긍지를 갖아도 되지 않을까 하는 생각을 해 본다.

산이란 서로가 부딪치고 다투면서도 땀 흘리며 정상을 오르다 보면 어느새 감정은 봄 눈 녹듯이 풀어진다. 명분과 동기부여는 목표를 세우고 목적을 달성할 수 있는 에너지가 된다. 정상의 성취감에서 미

* 마음도 정복

래를 설계해 가는데 크나 큰 힘이 되어주었던 관악산은 우리가 지켜야 하는 최고의 자연유산이다.

살아오면서 최악의 상황을 맞이했던 신장병으로 인한 중대 고비에서 삶의 활선을 놓을 만큼 좌절한 그때 마음의 정리 또한 산을 찾아와서 유언 같은 당부의 말을 아내에게 토해냈던 잊히지 않는 슬픈 기억이 지금도 생생하기만 하다. 돌아오는 발걸음은 천근만근 40년을 함께했던 서러움의 눈물이 노랗게 피어났다.

웅크리고 앉은 그늘의 언덕에는 아직도 잔설이 채 녹지 않고 봄을 손짓한다. 반대쪽 양지바른 언덕 위에 터질 듯 피어오른 샛노란 산수유 꽃봉오리와 움트는 나뭇잎 어린순의 생명력을 바라보는 순간 흔들리던 나의 정신과 영혼은 생명의 존엄이 나만의 소유가 아니라는 것을 깨닫게 해 주었다.

분화구에서 뿜어 나오는 불꽃처럼 솟아나는 강한 욕망이 넘지 못할 것 같았던 불안의 공포를 넘기게 했다. 참으로 추억은 아름답고 산은 위대하다는 생각이 든다. 수많은 희로애락을 묵묵히 품어 안으면서도 변함없는 엄숙함으로 늘 그 자리에 머물며 우리를 지켜보고 있다.

자연의 소중함과 환경의 중요성은 이제 전 세계인의 큰 화두가 되고 있다. 지난날의 과오와 시행착오를 이제 새롭게 인식하고 지구 온난화로 인한 자연 환경의 파괴로 삶에 재앙이 일어나지 않도록 막아야 한다는 명제가 우리에게 주어졌다고 본다.

가장 가깝게 있으면서 소홀하게 대했던 자연을 사랑하고 잘 가꾸어 나가야만 지속 가능한 인간과의 공존이 이루어지리라 믿어 의심치 않는다.

마당바위

관악산을 바라보며 삼성산이 마당바위에 쉬고 있다
돗자리 하나 깔고 그늘을 끌어다 앉히려는 마당의 주인들
햇살이 누어 잠자는 바람에 따뜻하게 데워진 마당에 라면을 끓이며
지나가면 얻을 수 없고 바꿀 수 없는 젊은 연인들의 속삭임을
라면 속에 넣고 끓인다

구수한 냄새에 익숙하지 않은 햇빛에게는 입맛이 안 당기는 듯
낮 동안 펄펄 끓게 데워놨던 햇빛이 언짢아하며 입을 삐죽대더니
슬며시 자리에서 일어나 비틀대며 서쪽으로 걸어간다
힘이 넘쳐나는 젊은이들의 허세에 평평한 마당에는 희멀건 액젓과
황톳빛 개울물이 흐르는 골이 생겨 실선 하나 늘어난다

군불을 때지 않아도 따뜻한 안방 같은 마당바위에 산그늘이 들어차면
체면과 위상이 계곡으로 굴러떨어지는 마당의 주인들에게
꽃들의 외면과 나무들의 비웃음이 여기저기서 들려온다

모퉁이 기우러진 못난 소나무 밑에 축축이 젖은 주변에는
파리 떼가 둥지를 틀고 나부끼는 향내는 유통기한이 지난 썩은 향수
그리움과 아픔의 의미가 보석처럼 빛나는 마당바위에 석양이 드리울 재
졸졸 흐르는 개울물에 손 담그고 허울과 허물 씻어내며 비로소 깨닫는다.

마모된 세월

선거에서의 줄다리기는 축제장의 게임과는 전혀 다른 양상을 보인다.

게임에서의 룰은 찾아보기 어려울 정도로 선거라는 틀에 갇히면 자존심도 버려가며 명분과 실리 앞에서 양심이란 굴레를 쓰고 벌여야 하는 치열한 전투이다. 그것도 고도의 심리전으로 요구와 제시 전문성을 흥정으로 사고파는 인적 자원까지 접속이란 새로운 창조를 만들어야 하는 것이 선거이다. 준만큼 받고 받은 만큼 주는 것이 일반적 상식인데 반해 선거는 외부 환경과 내부 환경이 전혀 다른 질서도 의리도 없는 미지의 세계이다.

정치에 관심조차 없던 내가 언제부터인가 정치판 언저리에 서 있는 얼치기가 되었다. 우연찮게 지인의 권유에 이끌려 어느 지역당의 인사를 소개 받고부터 당에 가입하고 행사에 쫓아다니면서 자연스럽게 당원의 명분을 갖게 되었고 또한 지역당원협의회에서 전략기획위원장이라는 그럴듯한 감투까지 쓰게 되었다.

직책을 수행하기 위해 의무와 책임의 굴레를 벗어나지 않으려는 생각으로 열심히 일을 하게 되었고 이기기 위한 선거를 위해 선거관련 책자나 인터넷을 뒤져가며 그동안 지역에서의 당락의 주요변수가 무엇인지 또는 유권자의 성향 분포도 등을 면밀히 분석하면서 선거에서 이기는 방법을 모색해 가면서 내공을 키워갔다.

2014년 6월에 동시 지방선거를 시작으로 기초의원 선거를 필두로 사무장이라는 직책을 맡아 관악구 의원을 처음 당선시켰으며 2015년도에는 관악을 구의 국회의원 보궐선거에서는 막강한 후보자와의 당 경선에서 어렵게 승리를 하여 19대국회의원 보궐선거에 처녀 출전을 하여 당당하게 국회에 입성하는 쾌거를 이뤄냈으며 바로 다음해에 치러진 2016년 20대 국회의원 선거에서도 본부장의 직함으로 두 번째의 승리를 이끌며 조력자로서의 역량을 충분히 발휘하여 실패 없는 선거를 해왔었다.

그렇지만 본업에 소홀하면서까지 처음 겪는 선거판은 경제적으로는 아무런 득도 없었다. 다만 주변의 지인을 도와 새로운 인물을 만들어 중앙무대에 등장시키어 지역사회에 이바지하고 싶다는 오로지 순수한 마음만으로 뛰어들었기에 좋은 결과를 얻었다는 생각에 머문다.

특히 경선과정에서는 정이 깊었던 사람들끼리임에도 골이 깊게 생기는 부작용이 발생하는 기이한 현상이 발생하기도 한다. 본의 아니게 편 가르기 양상으로 바뀌어 한동안 적대 관계로까지 이어지는 경우가 많고 보면 공정과 승복이란 말은 누구에게 쉽게 들릴지 몰라도 사람들의 불만과 감정은 그리 쉽게 가라앉지 않는다는 점이 경선의 난맥상이라 하겠다.

국회의원 신분이 아닌 지역위원장의 신분으로 처음 치른 지방선거에서 자기 당의 기초의원만 4명이나 배출한 것은 크나큰 성과이었다. 그 기반은 앞으로 위원장으로서 국회의원선거에 출마할 경우에는 아주 큰 힘이 되어 선거를 유리하게 끌고 갈 수가 있기 때문이다.

마침 이듬해에 관악을 구 지역 국회의원 보궐 선거가 치러지게 되었다. 내가 속해 있는 당에서의 위원장의 출마는 기정사실이었지만 선거란 알 수 없듯이 그동안 지역에서 유명세를 타면서 정치 밑바닥을 닦아오던 유력한 후보자가 경선에 뛰어들어 누군가 한 사람을 뽑아야 하는 상황이 되다 보니 평소에 알고 지내던 캠프 관계자와의 신경전은 본 선거보다 더 치열할 수밖에 없었다.

국회의원 선거는 경선이나 본 선거 모두 기초의원 선거와는 비교가 안 된다. 기초의원 선거에서 당선시킨 경험을 인정받아서인지 2015년 4월에 치러지는 19대 국회의원 보궐선거에서도 내가 본부장을 맡아서 경선 승리와 본 선거까지 치르는 아주 중요한 임무를 맡게 되었다.

각 진영의 선거 관계인들은 한 지역에서 활동하는 서로가 다 아는 사람들이 대부분인데 그러다보니 막말이나 험담은 서로가 조심하는 최소한의 예의를 갖추려는 노력을 하게 되지만 어느 공동체이던 간에 유독 극렬 지지층이 있게 마련이다.

일부에서 무리한 네거티브나 허위사실 유포 등으로 경선 선거의 혼탁을 부추기며 뭔가 약점을 파고드는 교묘한 술수로 무조건 이기는 선거에만 매몰되어 간다. 경선은 이겨야 하는 것은 두말 할 나위가 없다. 하지만 전화로 협박하는 사람, 선거사무실로 찾아와 자신의 위상을 들먹이며 뭔가를 요구하는 사람이 있는가 하면 또는 다짜고짜 건달임을 내세우며 은근한 협박성으로 돈을 요구하는 어처구니없는 국회의원 선거캠프는 하루도 조용할 날이 없었다. 거기에다 캠프에 들어와 일 좀 봐준다는 사람치고 염불보다 잿밥에 신경 쓰는 사람이 많고 어깨에 훈장 두른 사람들의 아전인수 격의 공치사 등으로 자신의 존재감을 드러내려는 허세 강한 사람들 그야말로 천층만층의 집합소가 바로 선거 캠프이다.

경선이 끝나고 결과를 기다리는 저녁시간은 불안과 초조가 밀려오고 신경을 많이 써서인지 눈앞이 흐릿할 정도로 안개가 자욱했다. 상대 진영에서는 승리를 자신하면서 샴페인을 터트린다는 소문이 들리고 안절부절못하는 사이 우리에게 날아든 승전보는 순식간에 울음바다로 만들었다. 이번 선거는 본 선거를 치를 당내의 경선임에도 이런 감동에 눈시울이 붉어졌다는 것은 반대로 경선에서 낙선한 상대 캠프의 사람들은 얼마나 아쉽고 어처구니가 없었겠는가. 이러한 생각을 해보면 상대 진영의 관계자들이 얼마나 미웠을까 짐작하고도 남을 일이 아니던가. 경선이 얼마나 힘든 선거라는 것을 확인해 주는 확증이라고도 할 수 있을 것이다.

1차 관문을 통과하고 본선이 치러졌다. 우리의 위원장이 승리를 쟁취하여 처음으로 국회에 입성을 하게 되었다. 감개가 무량하고 뭔가 뿌듯함에 한동안 환희에 도취되었었지만 한편으로는 어렵게 승리한 후의 마음의 갈등과 허전함은 말로 표현하기 힘들었다.

변한 것은 아무것도 없이 어영부영 본업에 충실하지도 못한 채 2016년 4월에 20대 국회의원선거가 또 다가왔다. 이번에도 한 번 더 일을 봐달라는 국회의원 신분인 위원장의 부탁에 나는 고사를 했지만 결국 똑같은 일을 맡아 선거를 치르게 되었는데 이번에도 결과는 승리로 끝났다. 재선에 성공을 거둔 것이었다. 많은 스포트라이트를 받고 고위 당직자들과의 사진도 찍고 한동안 측근 소리도 들었었지만 이것마저 일장춘몽一場春夢이요 화무십일홍花無十日紅에 불과했다.

주변 사람들의 은근한 스트레스 발언들에 더 이상 견디기가 힘들었다. 이를테면 두 번씩 당선을 시켰는데 뭐가 있지 않겠냐는 것이 화두였다. 이런 말을 하면서 조금 기다려 보라는 식이었고 꽤나 많은 반대급부를 받았을 거라며 지레짐작을 하면서 나를 초라하게 만들었다.

전혀 사실과 다른 내용들로 나를 괴롭혔지만 정작 국회의원이 된 당선인은 이런 추측성의 여론에 실눈조차 한번 뜨지 않는 냉정함을 유지해왔다. 이런 상황이 지역 유권자들의 눈에 안 보일 리 만무했지만 누워서 침 뱉기는 말아야 한다는 신념으로 수많은 비판을 혼자 감수하면서 버텨냈다.

다시 2020년 21대 국회의원 선거에서는 더 이상 나를 필요로 하지 않았다. 어찌되었던 간에 그 선거에서는 낙선의 고배를 마시고 말았다.

한 번도 경험하지 못한 특별한 생활 속에 뛰어들어 의리 하나로 본업마저 팽개친 선거판에서 기초의원 두 번, 국회의원 선거 두 번의 당선이라는 영광을 맛보았지만 남은 건 허탈과 배신감 정도이고 보면 사람은 태어나 갈 길이 따로 있고 할 일이 따로 정해져 있다는 진리 앞에 숙연함을 느낄 뿐이다.

3·1절의 봄

빨간 우산을 쓰고 삼월이 봄 마중을 나간다
백두대간을 사이에 두고
두 얼굴의 봄이 자리다툼으로 요란하다

한쪽은 푸른 봄비가
등 넘어 한쪽은 검은 눈 폭탄이
반란을 일으키며 길목을 막아선다

거북이 등껍질 같은 덜 깬 겨울의 시샘은
가냘픈 몸짓의 눈망울에 깊은 생채기를 남기고
덜 아문 상처 어루만져 보지만 시퍼런 한숨은
치욕스런 그날의 함성으로 하늘 구멍을 뚫는다

혹독한 시련 딛고 밀어 올리는 꽃망울의 아우성
아파한 날들의 기억들이 꽃대에 알알이 맺혀
더 통통하고 더 진한 향기 되어
살며시 삼월이의 파란 우산 속으로 파고든다

봄날 같은 진정한 봄날이 오기를 기다려 본다.

벽에 걸린 무지개

겨울과 봄이 교차하는 2월의 햇살이 아파트 베란다 창문 앞에 서성대며 거실을 기웃거리는 아침이면, 환하게 웃고 있는 벽에 붙은 가족사진 옆으로 선명한 색상의 무지개가 자리를 잡는다.

한여름 소나기가 내린 강기슭 계곡에나 어쩌다 생겨나는 무지개가 겨울의 끝자락 햇살 가득한 날이면, 이따금씩 창문 유리를 가로질러 우리 집 거실로 걸어 들어온다. 그것도 빨주노초파남보 일곱 가지 색상이 아주 선명하게 요즘 들어 자주 나타난다. 보기에도 예쁘고 산뜻하여 사람들은 무지개 뜨는 것을 보는 순간은 뭔가 상서로운 일이 생기지나 않을까 하는 기분 좋은 기대를 하게 된다.

봄의 전령처럼 느껴지는 아름다운 무지개가 오늘도 초대하지 않은 우리 집 거실 벽에 들어와 걸렸다. '아침이 즐거우면 하루가 행복하다.'라는 말대로 우리는 아침이면 아내와 함께 시작을 알리는 커피 한 잔을 건배하듯 부딪치며 하루를 시작하는 게 우리 부부의 유일한 즐거움이며 일상이다.

아침의 모닝커피는 언제나 진한 향을 내는데 오늘의 모닝커피에는 일곱 빛깔 무지개가 두둥실 떠 있어 더욱 찬란한 맛을 느끼게 한다. 이번에는 분명 즐거운 일이 생길 것 같은 예감의 촉이 출근 전 아침을 설레게 하는 순간 "나는 이렇게 아침에 마시는 커피가 제일 맛있어." 원래 위가 안 좋아서 커피나 술은 입에도 대지 않았던 아내가 갑자기 감탄사를 연발한다.

지금껏 보아온 아내로서는 파격적 감성 표현임에 틀림이 없다. 집안에 무지개가 저렇게 예쁘게 앉아 있으니 분명 무슨 좋은 일이 생길 것 같다는 기대감이 들기는 하지만 그것은 어디까지나 매일 똑 같은 느낌일 뿐, 특별하다는 생각은 안 해본 일상이었다. 오늘 따라 아주 감성적 표현을 한 아내는 요즘 들어 감동과 칭찬 그리고 커피 맛을 아는 아주 멋스러운 사람으로 변해간다는 생각마저 들게 했다.

두 아이들을 혼인시켜 분가하게 한 후부터는 우리 부부는 특별한 화두가 없어졌다. 나는 나대로 사무실 출근이네 하며 특별한 일도 없으면서 아침에 나가면 저녁에나 들어간다. 굳이 안 해도 될 전성기 때 만들어 놓은 각종 모임에 시간을 다 소비하고 정작 아내에 대한 배려에는 무관심한 편이었다.

아내는 집에 혼자 있는 시간이 많게 되다 보니 답답함을 호소할 때가 많아졌고 우울감마저 든다면서 짜증을 내는 날이 많아졌다. 위장약은 단골이고 무릎 관절 약까지 먹다 보니 자기 몸 챙기기도 버거운데, 20년 동안 신장병과 함께 살아온 남편의 병 수발까지 신경을 쓰니 지치고 힘든 것은 어쩜 당연한 일일지도 모른다.

분명 불행한 일인데 요즘 코로나로 인해 모임도 못하고 나들이도 못하다 보니 우린 매일 점심만큼은 둘만의 진수성찬으로 함께하는 것에 기분을 낸다. 이름 하여 황제 밥상이라 일컬으며…….

올 설 명절도 코로나의 영향으로 가족모임마저 제한하는 방역 조치가 내려졌다. 수원에 가깝게 사는 딸네 가족마저 못 오다 보니 내심 불만과 아쉬움이 커졌다. 차라리 명절을 뒤로 물리고 싶을 정도의 기분이었다. 그러나 한 통의 전화가 그나마 답답한 마음을 달래주었다. 베트남 호치민에 이사가 살고 있는 아들한테서 생각지도 않은 크나큰 선물이 곧 도착한다는 연락이 왔다. 그것은 요즘 효도선물로 가장 인기가 좋다는 안마의자였다. 안마의자 하면 적어도 몇백만 원 이상은 다 넘을 터인데 큰마음 먹고 결정을 하여 보낸 듯싶다. 그것도 양가 부모님께 보냈다 하니 고맙기도 하고 대견하기까지 했다.

코로나로 인해 한국을 떠난 지 1년이 넘었는데도 보이지 않는 코로나의 장벽에 가로막혀 그 귀여운 손자 한번 못 만나보는 안타까움과 새로 설립한 법인의 책임자로서 업무의 시작과 동시에 하늘 길까지 막히는 난감한 처지에 과연 할 수 있는 일이 뭐가 있을까 하는 걱정의 한계를 뛰어넘으며 '지금까지 잘해 준 것만으로도 부모로서는 그보다 더 큰 선물은 없다'라는 그 마음으로 편히 지내고 있었던 터였다.

코로나의 상황 속에서 겪은 가장 최악의 설 명절에 이런 큰 선물을 받고 보니 쓸쓸함과 아쉬움은 슬그머니 사라지지만 그 옛날 양말 한 짝 신발 한 켤레의 선물에도 기뻐 날뛰며 밤새 품에 안고 잤던 묵은 기억들이 가슴을 찡하게 만든다.

국가적으로나 개인적으로 가난의 굴레를 벗어 던진 시기는 그리 오래 되지 않았다. 2000년 이전까지만 하더라도 설 명절 선물이라고는 설탕을 선두로 동원참치, 맥심 커피 등이 주류를 이뤘고 좀 지나서는 홍삼이나 상품권 선물로 변화해 왔었다. 효의 근본을 배우고 익히면서 성장했다지만 어쨌거나 파격의 선물을 받았으니 용도에 맞게 활용을 잘해야 그만한 가치가 있다는 생각인데 다행하게도 안마의자는 아내의 전용 안마사가 되었다. 여간 즐거워하지 않으니 이보다 더한 효 선물이 어디 있으랴?

보람과 감사함을 동시에 전하면서 더 이상 흔들리지 않는 봄날 같은 진정한 봄날과 나의 모든 열매들이 익어가는 그날까지 행운을 빌고 빈다.

5부

나의 장모님

– 학동의 미스코리아 정팔선 여사의 84회 생신을 맞이하여

충청북도 영동군 추풍령면 학동리에 사시는 정팔선 여사님께서는 방년 19세에 시집와 2남 4녀를 낳으시고 65년의 세월을 학동리에서 사시었도다.

아름다운 미소와 따뜻한 심상이 온몸에 배어 덕망의 그늘이 추풍령의 산마루를 넘어 온 누리를 물들이던 임께서 오늘 여든넷의 생신을 우리에게 선물한 것에 여기 모인 자손들은 기쁨의 눈물로 임을 맞고 노래 부르며 춤을 출 것이로다.

임께서는 비록 육신은 늙어 예전만 덜하지만 임의 정신은 아직도 산천을 호령할 기개와 세상을 보는 혜안으로 우리에게 꺼지지 않는 불꽃으로 이 어두운 세상을 밝혀주는 등대가 되어주시었나이다.

산 좋고 물 좋은 추풍령의 정기를 받고 태어난 육 남매가 어머님 생신을 축하하기 위해 잠시 집을 떠나 근교의 풍광 좋은 쉼터를 찾아 함께 모여, 임께서 걸어오신 삶의 길을 더듬고 일평생을 고귀한 진리로 자식들을 훈육하신, 고마우신 은혜를 생각하는 자식 모두의 마음을 담은 이 한 잔의 술로 만수무강을 빌며 큰 절을 올리나이다.

임께서는 일찍이 억압과 핍박으로 얼룩진 나라의 암울한 시기인

1928년(무진) 11월 17일 일제의 만행이 극에 달할 무렵, 경북 금릉군 봉계마을에서 고려의 충신 [영일 정씨] 정몽주의 후손으로 현세에는 정승화 전 육군 참모 총장의 훌륭한 가문에서 오 남매 중 맏이로 태어나시어 예와 효를 중시하는 인성교육을 선대로부터 받으시고 꽃다운 열아홉 순정으로 박혁거세의 후예이시고 밀양박씨 복사공파의 후손이신 학동마을의 가난하지만 검소하시고 지혜로우신 칠 남매의 맏이로 효성이 지극하여 부모의 말씀을 한 번도 거역한 적이 없으시다는 창字 수字를 가지신 호남형의 낭군을 만나 혼인의 예를 갖추시고 위로는 시부모님을 봉양하시면서 위아래로 여섯 명의 시동생과 시누이를 지극정성으로 보살피시어 출가의 성례를 감당하시는 고난과 시련을 겪으시면서도 오직 자손을 번성케 하려는 가문의 전통과 영화만을 생각하시는 책무를 다하시고자 슬하에 육 남매를 낳으시고 기르셨으니 하늘 아래 어디에 이 존귀하고 자랑스러운 분이 또 있으오리까?

그 당시만 해도 남아 사상이 팽배했던 시절에 딸 넷을 먼저 낳으시고 시부모님께 받은 고초가 또한 얼마이었을지 짐작하고 남음이 있사옵니다. 아래로 아들 둘을 늦게 두시면서 시부모님의 소망을 풀어 주심은 물론 가문의 대를 잇는 경사를 낳게 하신 임께 어찌 축복이라 아니하겠습니까? 그럼에도 자식들인 맏딸 동이(고. 이정원), 순옥(김광복), 숙희(전영해), 선옥(강신묵) 등 딸과 사위들은 그동안 효를 다하지 못하였음을 지금 이 시간에도 가슴에 새기며 뉘우치고 있사옵니다.

하지만 늦게나마 시부모님의 소망과 집안의 대를 이을 큰아들인 범도를 얻으시고 이어서 둘째 범태를 낳으시어 박씨 가문의 기틀을 세우시는 큰 임무를 완수하시었으며 세상에 둘도 없이 착하고 지혜로운 큰 며느리 강명희와 둘째며느리 권옥순까지를 얻으시면서 임의 본분을 다하시었으니 무엇으로 임께서 주신 이 은혜를 갚을 수 있으오리까?

하오나 임께 드릴 아주 작은 위로를 여기 드리오니 하해河海와 같은 마음으로 그동안 노여움과 서운한 마음 가슴에 남아있으시면 오늘 이 자리에서 무거운 짐을 내려놓으시고 하늘의 천사처럼 선한 마음으로 기뻐해 주시기를 바라나이다.

육 남매가 씨를 뿌려 거둔 열매 손주들(미란, 수미, 수진, 명님, 원진, 희영, 선희, 영숙, 대진, 현진, 성식, 성희, 효석, 수민, 준석, 상기, 규석) 등 열일곱의 귀한 손자·손녀들을 보시고 위로를 삼으시고 두 며느리와 넷 사위를 양팔에 안으시고 구름 위를 날아다니시는 선녀의 마음 되어 항상 기쁨 가득하시고 사랑의 진한 향기가 천리를 가는 임으로 남아 주시기를 이 자리에 있는 자손 들은 바라고 또 바라면서 '어머님의 마음'을 불러올리겠나이다.

나 실제 괴로움 다 잊으시고
기르실 제 밤낮으로 애쓰는 마음
진자리 마른자리 갈아 뉘시며
손발이 다 닳도록 고생하시네.
하늘 아래 그 무엇이 넓다 하리요
어머님의 희생은 가이 없어라.

"어머님 고맙습니다. 만수무강하십시오!"

- 2011년 12월 11일, 셋째 사위 영해가 축하의 글을 올리었나이다.

* 어느 행사를 마치고
(장모님 뒤로 필자 부부,
오른쪽은 처제)

* 필자의 아들
성식이 네살 때
장모님과
대화 모습 중에

대통령 취임식에 다녀와서

봄이 들어서고 강물이 풀린다는 절후가 지났음에도 봄기운은 아직도 시샘이나 하는 듯 햇살은 바람에 얻어맞고 비틀거리는 이 아침에 최초라는 수식어를 달고 대한민국의 제18대 대통령이 탄생하였다. 그것도 대한민국 역사에 있어서 최초의 여성 대통령이 취임하던 2013년 2월 25일의 여의도 국회의사당 앞 광장은 "희망찬 새 시대를 열어가겠습니다."라는 캐치프레이즈와 동력을 상징하는 태극문양이 선명하게 펄럭이는 가운데 7만여 명의 국민이 모여 새 대통령의 취임을 축하하기 위해 입추의 여지없이 들어차 있었다.

한 달 전부터 초대 명단에 올라있던 나는, 대통령 취임식장에 참석한다는 처음 경험에 얼마나 가슴 부풀고 기다려졌던지 아침부터 적당한 옷을 챙겨 입느라고 부산스럽게 움직였다.

우리 일행은 초청장에 기재된 대로 8시 30분에 도착하여 초청장과 비표를 바꾸어 검색대를 거쳐 입장을 했지만 무대에서 좀 더 가까운 좌석을 찾기 위해 여기저기 기웃거려 봤지만 좌석은 이미 반 이상이나 차고 넘치었다.

무대에서 가까운 빈자리를 보고 반갑게 뛰어 들어가서 앉으려는 순간 여지없이 진행 요원의 제지를 받고 물러나야만 했다. 빈자리 놔

＊18대 박근혜 대통령 취임식에서

두고 왜 못 들어가느냐고 항의를 해보았지만 허사였다. 나중에 알고 보니 가슴에 달은 비표의 색상이 달랐던 것이었다. 노란색 비표와 흰색 비표 그리고 초록색 비표 세 가지 색상이 다 각각 자리 배정이 달랐던 것이었다. 그러니 지방에서 상경한 어떤 이는 하루 전에 와서 자고 새벽부터 자리를 잡아 놓는가 하면 어떤 이는 지정석이 아닌 자리를 몰래 들어가, 나 죽은 듯이 앉아 있기도 하는 해프닝도 벌어졌다. 그러다 보니 나와 우리 일행은 무대에서 좀 떨어진 중간쯤 자리에 앉게 되었다. 그렇지만 나는 두 번 다시 없을 난생처음 대통령 취임식이라는 영광된 자리에 초대됐다는 사실만으로도 기쁜 마음이었다. 더구나 초청 받지 못한 많은 시민들이 울타리 밖에 서서 아직은 차가운 봄바람을 맞으며 몇 시간을 서 있는 걸 보니 더욱 그러했다.

삶의 여정이 가혹하리만큼 불운을 맞았던 지난날의 고통과 위기를 극복하고 세계사에 전무한 부녀대통령이 탄생되는 순간은 참으로 전 세계인들마저 축하를 보내는 취임식장은 그야말로 축제의 장이었다.

2시간 정도 식전 행사의 일환으로 개그콘서트 스타들의 진행과 다양한 공연이 펼쳐졌다. 내가 좋아하는 김덕수 사물놀이와 국악인 김영임의 흥겨운 민요에 이어 세계적 스타가 된 싸이가 등장하여 축제의 절정을 이루었다.

흥겨운 축제가 끝나고 엄숙한 2부 순서가 시작되었다. 연녹색 코트와 보라색 스카프를 맨 의연하고도 단아한 모습의 새 대통령이 단상에 올라왔다. 취임 선서에 이어 취임사가 시작되었다. 결연한 각오와 분명한 어조로 새로운 패러다임paradigm을 역설하는 새 여성 대통령의 취임사는 운집한 7만여 명은 물론 전 국민들의 가슴을 뜨겁게 달구었다.

"한강의 기적을 이루어 국민 행복시대를 반듯이 만들어 나가겠다."고 힘주어 말하는 대목에서는 나도 모르게 가슴이 찡하면서 온몸에 전율이 억제할 수 없는 뜨거운 눈물을 만들어냈다.

보릿고개와 산업화를 겪은 세대로서 그것도 내가 결혼하던 해에 부하의 총탄에 쓰러진 대통령의 딸이었던 동갑내기 여성이 한 나라의 대통령으로 취임하는 자리이니 어찌 환희와 향수 연민의 정이 분출하지 않았겠는가?

공과를 논하지 않더라도 지금의 국내외 정세를 감안해 보면 첩첩산중이라 할 만큼 풀어야 할 난제들이 산적해 있다. 난세에 영웅이 난다고 했듯이 33년 전 눈물로 나왔던 청와대를 대통령이 되어 다시 입성하는 오늘은 누가 뭐라 해도 최고의 순간이요 영광의 순간일 것이다.

그러나 5년 동안 국민 행복시대를 열어갈 대통령의 임무는 그렇게 녹록하지는 않을 것이라는 생각이다. 아무쪼록 최초의 여성 대통령으로서 국민행복시대를 열어가는 성공하는 대통령이 되기를 바라면서 신의 가호가 있기를 기원해 본다.

나눔과 채움

- 말은 쉬우나 실천은 어려운 것 -

남자가 한평생을 살아가면서 가장 기본적 책무는 가족을 부양하고 자식들을 훈육하는 것에 최우선 순위를 두게 마련이다. 그 다음으로는 자식들이 짝을 만나 혼인까지 하고 나면 대충 할 일은 다 했다는 생각을 갖게 되지만 이 일이 마무리 되고 나면 세월은 나이를 업고 달려 어느덧 중년의 꼬리표가 붙는 것이 우리네 인생 여정이 아닌가 싶다.

중년기에 접어들 때까지만 해도 내가 이 세상에서 사는 동안 보람으로 남길 수 있는 일이 무엇일까 하는 생각을 하면서 골몰했던 시기도 있었다. 아무리 찾아봐도 내가 가진 재능이나 나의 경제적 능력만으로는 뾰쪽한 수가 없었다.

누구나 쉽게 말하는 봉사활동 기부활동 등이 있다고는 하지만 생각만으로 쉽게 되는 것은 아니었다. 내게 맞는 봉사활동이 있는지 여기저기 모임에도 기웃거려 보기도 하면서 한때는 아프리카 어린이 난민구호 활동의 일환으로 계좌를 통해 얼마씩의 기부도 했었지만 이것 또한 필요충분조건은 되지 못했던 것 같았다.

그러던 중 우연찮게 관내 청소년지도위원회라는 단체에 가입하여 활동하면서 봉사와 나눔이라는 대의명분을 얻게 되면서부터 지금까지 20년을 넘게 관내청소년지도와 매년 졸업시즌을 맞아 학업성적은 우수하나 가정형편이 어려운 학생들을 기관단체나 학교장의 추천을 받아 매년 5명의 초중학생에게 소정의 장학금을 주는 일을 하게 되었다.

청소년지도위원회의 구성은 타 기관보다 회원 수는 적지만 사명감과 보람으로 15명 정도가 단합하여 년 간 200만 원 정도 되는 회원들의 찬조금으로 지금까지 20년을 넘게 이어져 내려오고 있다. 청소년들의 불량업소 방문 예방을 위해 어깨띠를 두르고 거리캠페인을 벌이는 봉사활동과 포스터 붙이기 그리고 시민들에게 낱장 광고물 전달하기 등의 봉사활동 등을 했다.

*2001년 청소년지도위원회 장학금 전달식
앞줄 왼쪽 두 번째 20년째 현 이기선 회장, 뒷줄 왼쪽에서 네 번째 필자

이밖에도 한국자유총연맹의 동 위원회 회장으로 반공의식 고취와 선열들의 호국정신을 계승 발전시켜나가는데 수년간 활동을 해왔다. 특히 2020년 작년 한 해는 코로나19의 재앙으로 모든 경제가 어려워져 회원들의 삶이 팍팍해져 가는 상황을 안타깝게 바라보면서 회원들의 의결을 통해 지금까지 십시일반으로 모아온 우리 동의 자유총연맹의 회비 900만 원을 회원 30명에게 30만 원씩의 재난지원금으로 돌려주는 파격적인 결정을 하여 회원들의 많은 감사의 문자를 받기도 하였다. 관변단체에서의 이런 행보는 지금껏 없었던 일이고 아마도 최초일 거라는 찬사를 받기도 했다.

자기가 경험하지 않은 일이라면 그 기분을 알지 못하는 영역일 수 있지만 봉사란 하면 할수록 마음 따뜻해지고 가슴 뿌듯해진다. 사회적 약자가 얼마나 많은지 실제 현장을 찾아가 보지 않고서는 알 수

* 2020년 장학금 전달, 뒷줄 왼쪽 두 번째 필자

없다는 생각이다.

관내 복지센터에서 어려운 이웃에게 도시락 배달 방문 행사에 참여하면서 정말 어려운 이웃과 독거노인들의 실상을 알게 되었다. 방문을 열고 들어가면서 숨쉬기조차 힘들었던 일, 김치 담그는 일 등은 내 인생의 궤적에 느낌표를 달아주는 계기라 하겠다.

봉사와 나눔은 할수록 커지고 보람은 느낄수록 커지는 가치를 지닌 위대함이 아닐까 하는 생각이 든다.

나이 70에 들면서 예전에 없던 버릇이 생겨난다. 원래 나의 철학은 옛것을 아주 소중하게 생각하여 시골집에 있는 오래된 생활용품 하나도 버리지를 않는 터라 가끔 아내의 질타를 받기도 한다. 그런데 근래에 들어서는 버리는 것에 미련을 두지 않기로 했다. 내가 없으면 누가 감당할까 하는 걱정도 들지만 어차피 없어도 아무런 불편함이

* 필자와 졸업생과 함께

없는 물건들이 아니던가? 그것은 일상에서 입던 옷가지나 묵은 책들과 사진 등을 정리하는 것이다. 얼마 전에는 베란다에 20여 개의 늙은 화분을 다 버리고 아주 간단한 작은 화분 몇 개만을 새로 구입하여 분위기를 바꾸기도 하였고 지금껏 40여 년간 찍어댔던 사진들을 모두 정리하여 단 두 권의 앨범 집을 만들었다. 책은 얼마나 많이 손수레에 싣고 고물상에 가져갔는지 몇천 원을 받아오기까지 했다.

사진을 정리하다 2001년도 청소년지도위원회에서 장학금전달식을 마치고 찍은 사진 한 장을 발견하다 보니 참으로 감회가 새로워 이 글을 쓰는 동기가 되었다. 어차피 고희 기념으로 문집출간을 위한 수필, 시 등의 원고를 준비하여 마무리 과정에 있다 보니 정리 중에 큰 보물을 발견한 셈이다. 이밖에도 사적 모임인 무지개포럼이라는 각 동의 40여 명이 함께하는 유지들 모임을 창립하여 지금까지 회장 임무를 6년째 맡아 운영 중에 있다. 모임에서의 장을 한다는 것 자체가 아무것도 생기는 것 없는 봉사이다 보니 차기의 회장이란 직책을 모두들 고사를 하고 있어 이렇게 오랜 시간을 이어 가고 있다.

나이 70에 새로운 인생의 열린 문이라 함은 '더 좋은 것을 바라는 것보다는 더 안 좋은 일만 생기지 않으면 된다'라는 마음가짐으로 나눔과 봉사의 길을 계속 이어 가리라는 생각이지만 이제는 내려놓을 때도 되었다는 생각을 해 본다. 박수 받을 때 떠나라는 말이 오늘 따라 울림으로 다가온다.

추억의 견문록

일찍이 마르코 폴로의 동방견문록이라는 책을 읽으면서 미지의 세계에 대한 동경이 싹텄었다. 80년대 이전만 해도 해외여행 제한이라는 것이 있어서 누구나 쉽게 여행을 할 수는 없었던 터였다. 그러던 중 80년대 초 해외여행 자유화라는 규제가 풀리면서 서서히 해외여행 붐이 일기 시작했다.

코로나19 이전만 해도 사람들은 제각각 세계여행의 러시에 편승해 세계로 많은 여행을 다녔었다. 나도 또한 다를 바 없이 견학도 가고 관광도 가면서 많은 국가를 방문하여 고대유적지와 명소를 탐방한 경험이 있었다. 하지만 지금의 코로나 상황으로 봐서는 언제 또 여행을 마음 놓고 갈지 몰라 그동안 내가 탐방했던 국가들을 열거하면서 나름 기록으로 남겨 볼 생각이다.

나는 명지대와 대학원을 다니면서 학교 해외연수 프로그램의 일환으로 유럽 5개국을 처음으로 견학한 적이 있었다. 프랑스 파리 7대학에서의 연수를 명분 삼아 떠난 여행이었다.

3일 동안 7대학에서 국제관계에 대한 강의를 듣고 수료증 하나 받아들으니 나름 그럴듯해 보였다. 연수를 끝내고 파리의 에펠탑을 시작으로 베르사유 궁전 등 이탈리아 베네치아 네덜란드의 암스테르담

＊백두산 정상 천지에서

영국의 템즈 강변 국회의사당 스위스 레만 호수와 몽블랑 등을 탐방했다. 각국의 특색과 볼거리들이 많다 보니 기록에는 한계가 있었다. 그중 에피소드 격인 몇 가지만 소개하고자 한다.

볼거리가 풍부하여 어디든 견문이라는 측면은 있지만 동방견문록 책을 읽은 나로서는 가장 먼저 가보고 싶었던 곳은 이탈리아 북부에 위치한 물의 도시 베네치아의 마르코폴로 생가였다. 물 위에서의 택시라 불리는 '콘도라'라는 작은 배를 타고 물길을 노 저어가며 찾아간 마르코폴로 생가는 붉은 벽돌 외벽에 쓰인 그의 이름을 본 것만으로 만족해야만 했다. 어찌했건 후세인들이 진실 여부의 의문을 품은 폴로를 이름으로 만났다는 것에 의미를 둔다.

이어서 로마의 고대 유적지는 이루 헤아릴 수 없다. 바티칸 성당의 미켈란젤로의 벽화에 감동하고 레스토랑 작은 무대에서 피아노 반

주에 맞춰 '사랑의 미로'를 불러 외국인들에게서 뜨거운 박수를 받던 일 등은 다시없는 경험이라 하겠다.

프랑스의 센강 유람선에서 바라보는 비키니차림의 일광욕하는 사람들의 자유롭고 여유로움과 노트르담 대성당의 장미창의 화려함은 예술의 도시다운 면모를 만끽하는 계기였다. 호텔 바에서 양주가 싸다면서 여학생들과 먹고 또 먹다 보니 취해서 여학생 한 명이 버스에서 토하던 일 등은 두고두고 잊히지 않는 추억거리이다.

이틀날 영국의 대영박물관을 관람하다 어제 먹은 술에 배탈이나 친구한테 얘기하고 일을 보고 난 후 일행을 뒤따라 찾아봤지만 너무 넓어 못 찾고 버스에서 여학생 한 명과 잠자며 기다린 일 등 수많은 에피소드들이 많았다.

* 파리의 상징 에펠탑에서

버킹검 궁의 수문장 교대시간을 보기 위해 아침 일찍부터 정문 앞에서 기다리던 일 등도 한 편의 드라마이었다.

네덜란드의 풍차마을

* 연길 대성학교 윤동주 시비 앞에서

에서 본 육지가 바다보다 낮음의 의문을 품고, 도심 사방으로 운하를 내고 그 물길을 타고 달리는 교통수단의 배들을 관찰했다. 스위스의 레만 호수의 유람선을 타고 세계의 갑부나 대통령 별장이 호수 주변을 둘러싸고 있는 풍광은 그야말로 별천지라 하겠다.

서유럽 알프스 산맥의 최고봉인 해발 4,800m의 몽블랑 케이블카에서 보는 환상적인 빙하는 두고두고 기억에 남는다.

이어지는 관광은 단연 중국이라 하겠다. 백두산을 7시간 걸어서 21명 중에 가장 먼저 정상을 찍고 천지호수까지 뛰어 내려가 물 한 모금 마시던 일, 베이징 자금성은 기본이고 만리장성과 상해의 동방명주 황산과 삼청산 종주의 산행의 백미에 충칭에서의 황과수폭포와 청도, 신천, 계림, 장가계, 홍콩을 거쳐 마카오, 대만의 장개석 궁을 비롯 하이난 섬의 탐방은 그야말로 견문을 넓히는 소중했던 추억이라 할만하다.

베트남 중에서도 하노이의 하롱베이와 다낭의 옛 도시 캄보디아의 옛 왕궁 앙코르와트를 거처 태국 방콕 휴양도시 파타야, 라오스에서의 52인승 프로펠러 경비행기의 아찔함, 미얀마의 야시장 풍경이 한눈에 선하고 필리핀의 세이브 보홀 섬의 돌고래 떼의 유영과 클락의 화산온천 등의 여행은 환상의 파노라마라 하겠다.

이 중에서 가장 긴장된 순간이었던 태국에서의 아침 산책을 아내와 함께 나갔다가 길을 잃고 한 시간 정도를 호텔로 돌아가지 못했을 때 15세 된 학생의 오토바이를 타고 돌아왔던 일은 지금도 씁쓸한 웃음을 자아내게 한다.

이밖에도 괌이나 사이판 경유지로 들렀던 모스크바공항 면세점의

* 태국 파타야 해변에서

텅 빈 진열장 등이 기억에 남는다.

이렇듯 여행이란 사는 법을 배우게도 하고 낯선 곳에 가면 일상에서 닫히고 무뎌진 마음을 열고 자유로움을 만끽하고 내가 그동안 살아온 삶을 밖에서 담담하게 생각하고 들여다보는 계기가 된다.

힘든 순간이 다가오면 길을 잃고 헤맸던 기억을 되살려 새로운 마음으로 힘을 내어 타개해 나가는 용기와 지혜가 생기는 에너지라고 생각되기에 추억의 견문록으로 기록하여 본다.

도시의 파수꾼

카멜레온 눈을 가진 그 놈은
까만 안경을 끼고 눈동자를 감춘다
눈이 오나 비가 오나 먹이 사냥에 열을 올린다

달아날 곳도 숨을 곳도 없다 무서운 세상이다
널따란 광장이나 좁다란 골목길에서도
까만 눈을 부라리며 내 뒤를 쫓아다닌다

아무도 예외는 없다 영역도 없다
이 세상 전부가 영역이고 사냥터이다
한 시도 잠을 자지 않고 먹잇감을 찾는다

산에도 없는 호안虎眼이 언제부터인가
집 앞까지 습격해 왔다
까치가 반겨주고 엄니가 반겨주었던
대문 없는 고향집이 그리워진다.

온난화의 습격

억만년을 지켜온 벌거벗은 빙산
중심을 잃고 검은 바다 속으로 뛰어든다
하늘을 깔고 앉은 바다의 울부짖음이
녹아내리는 설원에 비상벨을 울린다

유빙 위에 매달려 종을 부르는 소리
백곰의 가쁜 숨소리가 다급하다
웅크리고 누워 있는 이유 없는 죽음들

설원의 마지막 발자국마저 사라져버린
북극의 평원에 한 송이 노란 민들레가 피었다
소멸과 죽음의 껍데기는 아무 것도 남는 게 없다

다만 지구의 온난화로 사라진 설원이라고
묘비 없는 유골의 음성만이 들릴 뿐이다.

노파의 미소

개심사 일주문 앞
느티나무 아래 너울거리는 그늘을 깔고 앉아
흰빛 새어 나오는 곱슬머리 노파의 손끝이 바쁘다

굵은 손가락 마디마디 파랗게 물들은 손
시들어가는 산나물에 포말을 뿜어대며
흥정하는 길손에게 느릿한 사투리 한마디 한다

올 해는 이것이 끝물이여
내미는 아낙네의 바랑에 한 줌씩 덤을 주는
노파의 큰 손에 제각각 미륵보살이 된다

거친 듯 부드러운 노파의 미소가 흐르는
개심사 앞마당에 노을이 누울 때
굽은 허리 펴는 소리 세속의 무늬를 내려놓는다

개심사 오르는 돌계단만큼이나
묵중하고 부드러운 마애여래 삼존상
노파의 그 미소 언제 또 볼 수 있었으면

묻지마 폭행

묻지마 폭행으로 지나는 행인이 사망했다는 속보가 뜨던 날
한 평 남짓 사각의 틀에서도 번갯불이 일어난다
주인의 배신에 울분을 토하며 핏발선 눈빛으로 애원하는
젊은 기백의 수캐 한 마리 노인과 실랑이한다

올가미 작대기 하나 들고 능숙한 손놀림으로 잡아채는 순간
생명의 갈림길에서 억울한 분노의 절규에
바람도 소름끼쳐 달아나고 하늘도 빗장을 건다

죄의식의 무감각 속 생명의 경시가 판치는 세상
늦여름까지 가슴 조이며 버텨온 개犬 같은 삶이
한 순간에 불구덩이로 떨어진다

함께한 오랜 친구들은 태연한 척 서로 눈길을 피하지만
살갗이 찢기면서도 한마디 한다 '더럽게 재수 없는 날'이라고
다음 날 조간신문에 '죽을 줄은 몰랐다'며 너스레를 떤다.

비상식량

베란다 유리창이 구슬프게 울어대는 시린 밤
구석에 웅크리고 앉아 맥박마저 띄엄띄엄
온몸이 말라비틀어진 채 달빛에 손 내민다

흙 수저로 태어났지만 고이 모셔졌던 뒷방 마님
긴 겨울밤 쪼르륵 울어대는 가냘픈 하소에
노란 속살로 주린 배를 채워줬던 보릿고개의 천사

화롯불에 파묻혀 온몸이 불타는 고통을 안고도
세상 탓 한번 하지 않으며 묵묵히 살아온 삶이
언제부터인가 온기 없는 바닥에 내 팽개쳐졌네

떠나온 고향을 그리워하는 마음 담아
탯줄을 달아 양수를 채워주니 창문마다 푸름이 가득
잠시 그 시절을 잊고 농부의 마음을 잊고 살았나 보다.

너 때문에

잔디도 아니고 억새도 아닌 '띠풀' 너를 두고
어릴 적에 우리는 삐삐라고도 불렀지
하얀 꽃을 피우기 전 꽃봉오리를 뽑아 질겅질겅 씹으며
껌이라고 우겼던 '띠'라는 이름의 너는
한때는 아름다운 꽃이고 간식거리 풀뿌리였지

그런 네가 지금은 찾는 이가 없다하여
고이 잠드신 부모님 묘소의 비단금침을 갈기갈기 찢어놓고
푸른 융단의 꿈을 무참히 짓밟는 점령군 행세를 하며
난장판을 만드니 어떻게 손을 써야 할지 난감하구나

양보도 숨죽일 줄 모르는 질긴 목숨
붉은 노을이 굴참나무 사이를 비집고 자리를 펼 때면
흔들거리며 어깨춤으로 나를 조롱하던 너 때문에
여름의 끝자락이 한없이 슬프고 부모님께 면목이 없구나

너의 꺾이지 않는 기백이야 칭찬할 일이다만
욕심이 과하면 남을 죽게 하고 의미 없는 죽음으로
세상의 조롱거리가 되지 말고 조용하게 사라져 주기 바란다
살아생전 못다 한 효도 한 번 해 보자꾸나.

산촌 조산원

고향의 빈집 처마 끝에 낡은 기왓장 하나
난간에 대롱대롱 아슬아슬 곡예를 한다
언제 떨어질지 몰라 죽을힘을 다해 붙잡고 있다

처마 끝 방마다에 방 있음 표지판이 걸리는 봄날
콩새 참새 멧새가 산촌 조산원에 입원 수속을 밟는다
저마다 단장을 하고 매일 밤 사랑의 세레나데를 부른다

새 생명의 울음소리가 빈집을 흔들 때면
태양열 난방에 쑥쑥 자라난 몸집에 자리싸움 치열하다
꽃샘바람이 숨을 멈출 때 날갯짓하는 새 생명들

빈 방 많은 산촌 조산원에 다시 세입자 구함을 알리고
전월세 따지지 않고 무방도 괜찮다는 표지판이 붙는다
고향의 빈집 조산원은 오늘도 손님을 기다린다.

기다림의 진실

고향집 안방에
빨간 옷을 입고 앉아 있는
다이얼 전화기 한 대
오늘도 손님을 기다린다
아침에 까치가 울긴 울었는데 하시면서

언제 울릴지 모르는 벨 소리가 그리워
옆을 떠나지 않으시던 당신
방까지 들어가는 시간이 아깝다 하여
긴 줄을 사다 달아 드렸다
마루 끝에서 받을 수 있도록

기다림에 마음 뺏겨 벨 소리에 놀라
전화 받으러 나가시다 발등에 걸린 줄로
전화기와 함께 앞으로 고꾸라지신 당신
이제 고향에 내려 갈 때는 말없이 내려가야겠다
기다림의 상처를 드리지 않기 위해서

노을이 싸리문에 걸터앉아 집안을 살필 때
동구 밖 굴참나무에 기린 목이 걸려 있다
기다림의 진실은 녹내장이라는 눈병을 안겨주었고
죄송한 마음에 줄 없는 핸드폰을 사드렸지만
지금은 언제나 부재중 이란다 뚜 뚜 뚜뚜 뚜

백마강 여정

낙화암 바위틈 늙은 소나무 하나
절벽에 매달리어 노란 절규를 한없이 토해낸다
강물에 사뿐히 내려앉는 애달픈 송화 가루
삼천궁녀 춤사위로 너울대며 춤을 춘다

망국의 설움에 꽃잎처럼 산화한 백제의 넋
무수한 세월을 묵묵히 지켜온 고란사 범종 소리는
피 끓는 계백의 목 메인 절규를 아는지 모르는지
출렁이는 물결 위를 걸으며 통한의 세월을 달랜다

눈 부릅뜨고 지켜온 고란사 바위틈의 고란초
한 맺힌 눈물방울 약수 되어 쉼 없이 샘솟는데
노란 송화 가루 떠있는 약수 물 한 바가지는
찾아온 나그네 타는 목을 적혀준다

아직도 들리는 듯한 그날의 그 함성이
산성을 타고 넘으며 진혼곡으로 뒤돌아 올 때
노을에 물든 강물은 저녁 예불소리에 잠이 들고
떠나려는 나그네 발길을 멈추게 한다.

어둠과 빛의 갈등

창문에 어른대는 햇살이 싫어
뜨던 눈을 다시 감았습니다.
그대 생각이 달아날까 봐서요

그래도 눈을 뜨고 창문을 보니
밤새 떨고 있던 그대의 향기가
유리창에 매달려 미소를 짓네요.

너무 늦어 다 전해주지 못한
가슴에 남아있는 무지갯빛 향기
구슬 같은 그 감성을 방안에 던져놓고

수줍어 달아나는 그대 이름은 보석
가늠하기 어려운 깊고 큰 신비를 지닌
그대는 정녕 노을 속에 빛나는 보석입니다.

* 정유리 님의 〈고희 찬가〉와 윤태학 님의 〈讚 月谷〉 헌시에 대한 月谷 答詩

고희를 기념하며

- 축시

- 축하 메시지

고희 찬가

정유리

굽이굽이 칠십 평생 살아오시면서
해가 거듭 될수록 마음의 생각은 더 진실해지시고
한 사람 한 사람 대하실 때 진실한 마음과 생각으로 대면하신 회장님!

산을 오르실 때 바다를 보실 때 길가에 피어 있는 야생화를 보실 때
새순이 돋아나고 아지랑이가 피어나는 봄날에도
알록달록 피어나는 꽃무리를 보실 때도

초록이 무성한 산야를 보시면서도 장대비가 내리는 여름 날
지렁이가 기어가는 행길을 보시면서도
찌는 듯한 더위에 얼음냉수를 마실 때

높은 하늘에 잠자리가 날아다니고
따뜻한 햇살에 농작물과 오곡백과가 무르익어가는 모습과
익을수록 고개를 숙이는 벼 이삭을 보시면서도
함께 시작한 똑같은 초록의 물결이

가을이 되면서 나무 각자의 본연의 색을 띄우며
단풍을 이룬 가을 산의 정취를 보시면서

소복소복 내리는 눈이 덮인 산야와 김장독을 보시면서도
어느 것 하나 회장님께는 소홀한 것이 없었고
그냥 지나치심이 없으셨던 것 같습니다.
그 감동 그 느낌을 글로 작성하시어 책을 만들어 가는 삶

마음이 시끄러울 때도 고요하실 때도 바르게 앉아 먹을 갈아 붓을 드시고
바르고 굳게 글을 써 내려가시며 정갈한 글씨와 글로 만족하셨을 회장님
순간순간 다 소중하시고 귀한 시간이었을 것 같습니다.

많은 사람을 소중히 여기시어 그들의 재능을 응원하시며
잘되시길 염원하며 밀어주시며 일하시는 열정도 대단하십니다.
저는 회장님을 잠깐 뵙고 뵌 시간도 얼마 안 되지만
조금 아주 조금 알 것 같습니다.
삶의 진솔함이 묻어 있는 글을 출판하심을 진심으로 축하드립니다.

讚 月谷(찬 월곡)

윤태학

備祿谷臺 下月谷(비녹곡대 하월곡)
비녹 꼭대기 아래에서 태어난 월곡
멋진 호 월곡 어울리네.

天賦資質 難自棄(천부자질 난자기)
타고난 자질 썩힐 수 있으랴

壯道力征 成功讚(장도역정 성공찬)
그러하오 가난을 물리치려 중동 원정했던
장한 발걸음 그리고 입신성가를 칭찬하네.

護身正進 老益壯(호신정진 노익장)
지금까지 잘 해온 몸 관리 더욱 건강한 앞날을 기원하네.

칠순(고희)을 맞이하여 보내온 축하 메시지

* 아들·며느리·손자 – 호치민에서(유튜브 영상 제작)

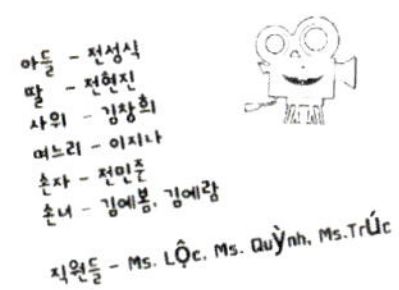

아버지 70번째 생신을 축하드립니다.

멀리 호치민에 있다 보니 찾아뵙지 못하고 영상과 문자로 인사드립니다. 항상 건강하시기를 바라옵고 늘 여유롭고 즐겁게 좋은 추억 만드시며 행복하게 사시기를 기원 드립니다.♥

* 아들 회사(KPIC) 베트남 현지 직원(릴리·알렉스·Ms, 쭙)

- 세 분의 영상 축하 메시지.

릴리　　알렉스　　Ms, 쭙

* 딸·사위·손녀 - 고희연 모든 행사 주관

늘 가족의 든든한 버팀목이 되어주시는 우리 아버지, 사랑하고 축하드립니다.♥♥♥♥

매일매일 건강하시고 오래오래 건강하세요.

가족의 영웅이십니다.

감사합니다.♠

* 손자 전민준 - 베트남 엽서

-케이크 그림과 꽃병화분 그림을 베트남 엽서로 보내왔음.

할아버지 70번째 생신을 축하드려요. 우리는 잘 지내고 있어요.

할아버지 건강하게 지내세요. 사랑해요.♥

추신: 할머니도 건강하게 지내세요.♬

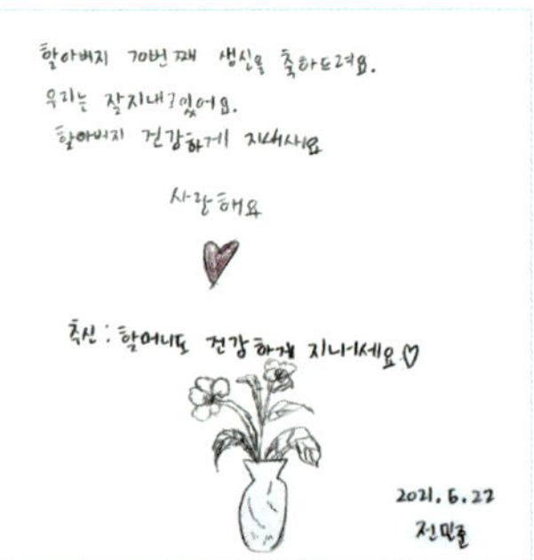

할아버지 70번째 생신을 축하드려요.
우리는 잘지내고있어요.
할아버지 건강하게 지내세요
사랑해요
추신 : 할머니도 건강하게 지내세요♡
2021. 6. 22
전민준

* 누나·매형·자양동 사촌 – 강원도 2박 3일 여행

생일 축하해!

* 전수정 여동생

- 축하 전화 줌.

* 처제 박선옥

너무나 아름다운 칠순 기념 이벤트이군요.

온가족의 훈훈한 사랑이 보이고 나에게도 전해집니다.

칠순 축하드리고 온 가족 모두 행복한 날만 되셔요.

* 처남 범태(상주곶감 생산 대표)

누나, 매형 칠순이었네. 늦게나마 축하드려요.

역시 멋있고 행복한 가정이에요. 성식이는 큰 나무가 되었네요.

할아버지 사진 보니 옛 생각이 많이 나네요.

누나와 매형, 매일매일 행복하세요.

* 이기선(관악구 청소년 지도 위원회 회장)

형님, 칠순 축하드립니다.

항상 건강하시고 형수님과 함께 오래오래 행복하세요!

* 반명순(관악구 제 7대 구의원)

존경하는 전 회장님, 칠순 생신을 진심으로 축하드립니다.

즐거운 마음으로 100세까지 사세요.

* 이성림 교수님(전 명지대학교 교수)

\- 기념 영상을 보시고 축하 메시지 보내주심.

가장 행복하신 우리 월곡 선생님.

보고 또 봐도 사랑스럽고 기쁘고 보람되고 즐겁습니다.

눈물 나게 고마운 성식. 지나. 민준네. 현진. 창희. 예봄. 예람이네! 인상 좋고, 목소리 좋고, 민준이 클라리넷 연주까지 재주 많은 자손들. 세계적인 인재로 잘 자라날 것이라고 믿습니다.

현지 직원들의 다정한 축하 메시지까지 컨텐츠가 너무 다양하고 훌륭합니다. 전씨 가문의 앞날에 영광과 축복이 가득하시기를 저도 함께 기도합니다.

* 강춘형(관악구 충청연합회장)

칠순(고희)을 맞이한 전영해 상임 부회장님 진심으로 축하드립니다. 자녀분들의 정성스러운 부모님 칠순 행사, 가족 간의 따뜻함에 경의를 보냅니다. 앞으로도 건강하시고 하는 일마다 일취월장하시길 기원 드립니다.

* 한은숙(자유총연맹 조원동분회 총무)

회장님, 칠순을 진심으로 축하드립니다.

앞으로도 지금 같이 계속 건강하십시요. 다시 한번 축하드립니다.

* 친구 이경희

축하드립니다. 아름다운 장미꽃 한 송이와 함께…….

* 김연옥(서원동 전 주민 자치위원장 회장님)

생신 축하드립니다. 늘 건강하세요.

* 이현자(도서출판 현자 대표)

칠순 기념 영상에서 선생님께서 굳고 곧게 살아오신 모습이 보여요. 진솔한 가족 사랑과 행복도 가득하고요. 저도 축하드려요.

* 고의숙(사이클 관악구 대표 선수 서울시대회 1등 선수)

회장님 생신을 진심으로 축하드립니다. 늘 행복하세요!

* 유미완

늦었지만 회장님의 칠순 축하드립니다.

* 김성미(공동체 동행)

생신 축하드려요.

항상 건강하시고 행복하시길 빕니다. 건강 챙겨요.

* 정유리(난곡 새마을금고 전무)

어머나! 어느덧 올해 칠순을 맞으셨습니다. 저도 진심으로 축하드립니다. 100세를 훨씬 넘기실 것 같은 체력과 마음을 지니신 회장님!

만수무강하시고 평안하시길 진심으로 기원합니다.

* 친구 이영규(고향 지킴이 영농 후계)

축하 하네. 빨간 꽃바구니와 함께.

* 친구 우제경(현.연무대 요양병원 총괄팀장)

고희를 맞은 영해 친구 축하하네.

날씨까지 청명하니 나들이하기 좋겠구먼.

즐겁게 보내시고 백수까지 건강하시게. 축하하네.

* 친구 맹완고(농업기반공사 퇴직)

열심히 살아온 당신께 건강과 행복을 보냅니다. 축하드립니다.

* 친구 복진만(KGC 인삼공사 퇴직)

- 축하 꽃바구니와 함께 아름다운 아침의 좋은 글 365일 하루도 빠지지 않고 보내주는 고마운 친구의 메세지.

오늘도 행복한 하루를 만들어 가세요.

* 친구 한정희(교장 퇴임)

영해 친구! 그간의 세월을 흔들림 없이 곧고 멋지게 살아와 맞이하는 고희를 축하하네. 앞으로 맞이하는 아름다운 인생을 응원합니다.

* 친구 윤관학(교감 퇴임)

영해 친구, 고희를 축하합니다. 늘 외형에서 보이듯 짜임새 있고 준비된 삶을 살아가는 친구! 늘 건강하시길 기원하네.

* 태희(대전 현. 이비인후과 원장)

축하드립니다! 인생 칠십 고래희라 하지 않나. 하지만 요즘은 장수

시대라 크게 실감나지 않습니다만, 친구들 모두 남은 여생 건강하시고 행복하게 삽시다.

七十而從心所欲不踰矩 (칠십이종심 소욕불유구)

일흔 나이에는 하고 싶은 일 한다 해도 법도에 어긋남이 없다.

* 친구 윤태학(농업기반공사 퇴임)

고희를 축하하네.

* 친구 민경선(현 공인 중개사)

성식이가 베트남에서 보내온 고희 기념 칠순 축하 영상 유튜브 공유 전달해 줌.

* 친구 김민수(교장 퇴임)

엉해 늦었지만 축하하네.

아들딸이 훨 잘 생기고 훌륭하네. 축하하네.

* 친구 배옥수(고향 지킴이 건축업 대표)

건강하게 칠순 맞이하여 축하하네.

친구들 모두 그러하시길~

* 신석철(경감 퇴임)

축하드립니다.

* 이대석(환경정화 대표)

생신 축하드립니다.

항상 건강하십시요.

* 지준배(아산섬유 대표)

칠순 축하합니다. 행복한 가족의 귀중한 영상 보기 좋네요.

엊그제 50이었던거 같은데 어느새? 세월 빠르다는 걸 느껴요.

건강하게 백수이상 누리시길-

* 김명숙(삼성부동산 대표)

회장님 칠순을 축하드립니다. 건강하셔요.

* 박범수(현 무지개포럼 사무국장)

생신 축하드려요 항상 건강하십시오.

* 신중우(글라스버그 대표)

축하드립니다. 회장님 만수무강하세요.

* 정용성(안건사 대표)

생신 축하드려요. 이모티콘과 함께.

* 김현철(자영업 황실 대표)

생일 축하합니다.

* 조영순 (현.무지개포럼 재무)

회장님, 축하드립니다. 이모티콘과 함께.

* 이한웅(미성동 전 자치위원장)

칠순을 축하드립니다.

앞으로도 건강하시고 100세 장수하세요.

* 강문규(전. 신협 조합장)

축하드립니다.

* 소능석(현 난곡 새마을 금고 이사장)

회장님 축하드립니다. 늘~~~♡♡♡

* 박영란(관악구 현 8대의원)

회장님 칠순을 축하드립니다.

* 조태성(성대 부동산 대표)

회장님 축하드립니다.

* 이승무(관악 농협 상무이사 지점장)

축하드립니다. 더욱 건강하고 행복하세요.

* 유명순(무지개 포럼 동행)

회장님 칠순을 축하드립니다. 항상 건강하세요.

* 배미정(삼모타워 1층 순두부 청국장 대표)

회장님 칠순을 축하드립니다.

항상 지금처럼 건강하시고 멋진 모습 기대하겠습니다.

* 홍성호(법무사 사무장)

칠순 축하드립니다. 또한 건강과 행복을 기원 드립니다.

* 김진만(의류제조업 대표)

회장님 칠순을 진심으로 축하드립니다. 항상 건강하세요.

* 신현만(메가파워넷 대표)

축하드립니다 늘 건강하세요.

* 임창빈(관악구 6·7대의원)

추카 축하드립니다.

* 인선분(무지개포럼 동행)

축하합니다. 건강하세요.

* 최인순(무지개포럼 동행)

축하드려욤. 지금처럼 멋진 모습 영원히 홧팅!

* 강영철(관악구청 녹지과 근무)

회장님, 칠순 축하드립니다.

* 조병석(건강 지킴이 대표)

축하합니다. 늘 건강하시고 행복하십시오.

* 이상우(비에스부동산)

생신을 축하드립니다. 늘 건강하세요.

* 조민형(청국상사 대표)

생신을 축하드립니다. 늘 건강하세요.

* 정향순(자총 동행)

최고의 선물을 받으셨군요. 감상 잘 했습니다.

* 김상수(전.서울대 상공회의 16기 초대 회장)

아니 칠순?

이제 환갑 아닌가요?

칠순을 축하드립니다.

* 한남일(서울대 상공회의 16기 3대 회장)

전영해 고문님 칠순 축하드립니다.

조용했지만 국제적으로 축하 받으셨네요.

앞으로도 지금처럼 늘 건강하시고 행복하시기 바랍니다.

진심으로 축하드립니다.

＊ 김선순(외식산업 대표)

칠순이라뇨! 환갑 아닌가요?

진심으로 축하드려요.

자랑하실만 하죠. 기쁘네요. 멋지게 잘 사셨어요.

앞으로 건강 유지하시며 더 멋진 인생 꿈 꾸셔요.

회장님 축하드립니다.

＊ 김의선(공동체 동행)

- 축하 전화 줌.

회장님, 칠순 생신을 늦게나마 축하드려요.

＊ 이정선(공동체 동행)

십수 년을 형님 동생으로 지내왔지만 장학후원을 이십여 년간 꾸준히 해 오셨다는 것을 문집 준비 과정에서 알았습니다. '오른손이 하는 것을 왼손이 모르게 하라'는 말씀을 실천하시는 모습에 절로 옷깃을 여미게 됩니다. 청년 같은 열정으로 고희를 맞으신 해에 문집을 내시는 것을 진심으로 축하드립니다.